「死にたい」と言われたら 自殺の心理学

末木 新 Sueki Hajime

JN038840

★——ちくまプリマー新書

428

目次 ＊ Contents

はじめに——自己紹介と注意事項

はじめまして。私は末木新《すえきはじめ》という者で、心理学者です。自殺についての研究を専門としており、かれこれ15年以上は自殺に関する研究をしています。

本書を手に取ってくださったからには、おそらく何らかの理由で「自殺」という現象に興味を持っているのだと思います。身近な人が自殺で亡くなったとか、「死にたい」と言っているのを見聞きしたとか、友だちがリストカット（自傷行為の一種）をしたなんてこともあるかもしれません。あるいは、もしかするとあなた自身が、「死にたい」とか「消えたい」と感じていて、どうしていいのか分からないという状況に追い込まれているのかもしれません。

なぜ自殺に興味を持ったのかは、人それぞれさまざまな事情があると思いますが、私の話をあらかじめしておくと、私は高校生の時に父方の祖父を自殺で亡くしました。それまで、自殺という現象に興味を持ったことはいっさいなかったのですが、この事実を知った時には（父がすぐに教えてくれましたが）、心底びっくりして、そして、恐怖しました。というわけで、私は何も自分から「自殺について知りたい！」と思ったのではなく、身近なところに「自殺」が勝手に降ってわいてきて、考えざるを得なくなったわけです。こんなことがなければ、別に自殺にこれといった強い関心を持つことのない人生もありえたかもしれません。

別に身近な人が自殺で亡くなったからといって、多くの人がこれほど強い（研究者になるほどの）興味と関心を持続的に持つことはないだろうとは思います。とはいえ、どうしても自殺について考えざるを得なかったのは、祖父の自殺が私にとってまったくもって理解できないことだったからです。私と祖父は二人で旅行に行くような関係でしたが、そんなことをするとはとても思えなかったというのが当時の偽らざる心境です。私の目から見て、祖父が分かりやすく何かに困っているようには、まったく見えませんでした。今となってみれば、自分のかわいい孫に困っている素振りなど見せるはずがなかったことは容易に想像できますが。

また、これ以降しばらく、私はとても恐かったことをよく覚えています。さまざまにわいてくる感覚の中で、恐怖が一番強烈なものだったかもしれません。「(父方の)祖父がこうなったからには、その子どもである父もまたいずれそうなるのではないだろうか？」とか「ということは、私自身もいずれはそうなってしまうのではないだろうか？」とか、そんな考えが常に付きまとってきました。こういう考えそのものは、自殺によって遺《のこ》された者が経験する心理状況としてそれほど珍しいものではないのですが、そんなことは当時の、高校生の私には分かりませんでした。

そして、しばらくしてから、頭の中は「なぜ？」という疑問でいっぱいになりました。祖父はなぜ自殺という形で人生を終えることになったのだろう？　なぜ、誰にも相談しなかったのだろう……？　私はその後、自分の頭から離れなくなった「なぜ？」に対処するため、地元の駅前の本屋で自殺に関する本を探しました。

初めて手にとったのは、高橋祥友《たかはしよしとも》先生の『自殺の心理学』という新書でした（この本は、後に高橋先生にお会いした際にサインをいただき、今でも研究室に飾ってあります）。高橋祥友先生は長年この国の自殺研究を支えてきた第一人者とも言える方で著作もいっぱいありますので、この本を読み終わってから、もし、「もっともっと知りたい」という気持ちがあれば、高橋先生の著作を読んでみることをおすすめします。

自殺についてさまざまな本を読んでいくうちに、少しずつ自分の中にある「なぜ?」という思いが解消されていくように私は感じました。しかし、分かったことも増えていった一方で、分からないことも同時に(いや、分かったこと以上に)増えていくような感覚もありました。その分からなさを解消するために自殺についての研究をするようになるのですが、それは本書の本筋とは関係ないかもしれません。いずれにせよ、自殺という現象に興味を持ってしまった以上、自殺について理解が深まることは、あなたに良い影響をもたらすと思います。

自殺という現象はおそらくは太古の昔から存在するものであり、古代からさまざまに論じられてきました。最新の科学のように日進月歩、光の速さでさまざまな知見が積み重ねられていくような領域ではないのですが、それでも、少しずつ「分かった」と言っても良いことは増えていっています。そういうことについてきちんとまとめながら、高校生だった時の自分が「こんなことが知りたかったんだ」と思えるような本を作りたいと思い、本書をしたためています。あなたの興味に合うと良いのですが。

読み進める前に、注意事項を説明させてください。あなたが本書に、自殺という現象に興味を持った理由は分かりませんが、何もなくいきなり急に自殺という現象に興味を持つということはないように思います。何らかの事情があると思いますが、場合によっては、本書を読むのを延期した方が良い場合もあるかもしれません。

前述のように、身近な人を自殺で亡くした場合には、本書を読む心の準備がまだできていないということもあるかもしれません。私はこれでも学者の端くれなので、どうしても物事を客観的に、冷静に見ようとしてしまいますし、それはともすれば、「冷たい」言葉のように感じられるかもしれないからです。ちなみに、祖父が自殺で亡くなってから、そのことについて家族の間で話ができるようになるまで、約10年の歳月が必要でした。それくらい、みんなの心に影を落としていたということだと思います。身近な人を自殺で亡くした経験を消化するためには、なんといっても時間が必要です。

また、自分自身が「死にたい」「消えたい」と思っている場合には、本を読むよりも先にやった方が良いことがあるかもしれません。本を読んでなぜそうなってしまうのかを自分なりに理解することには大きな意味があると思いますが、まずは、身近なそこそこ信頼できる人に相談できると良いと思います。それができないから「死にたい」「消えたい」となっているのだ、という場合の方が多いかもしれませんが……。

いずれにせよ、本は逃げませんし、今すぐに読まなければ消え去ってしまうものでもありません。あなたにとってより良い、必要なタイミングで本書を読んでいただければと思っています。

注意事項の説明も終わりましたので、それでは、本編をはじめましょう。

第1章　自殺はなぜ起こるのか

原因は分からない？

自殺について関心を持った（持たざるを得なくなった）時に、最も知りたいことは何だろうと考えてみると、それはやはり、自殺がなぜ起こるのかということだと思います。身近な人が自殺で亡くなった場合でも、友人に「死にたい」と言われた場合でも、自分が「死にたい」ほど追い込まれている場合でも、そうだと思います。

そして、我々は、「ある特定の個人」が（私の場合であれば、私の祖父が）なぜ自殺で亡くなるに至ったのか、故人は何を考えていたのかということが知りたいのだろうと思います。大変残念なお知らせなのですが、実は、ある特定の故人がなぜ自殺で亡くなるに至ったのかとか、自殺の直前に何を考えていたのかとか、そういうことをピンポイントで特定することは、少なくとも現代科学においてはできていません。

「冒頭からそんな答えでいいのかよ」「期待外れだ、金返せ！」「この本、本当に読む価値あるのか？」という読者の皆さんからの声が聞こえてきそうですが……。とはいえ、科学的に厳密に、冷静に考えてみると、それは当然のことと言えば当然のことです。

実際に自殺で亡くなってしまった人を蘇《よみがえ》らせることができ、「あの時、何があったのですか?」とか「亡くなる直前はどのような心境だったのですか?」とインタビューできればいいのですが、今の我々の持つテクノロジーでは、そのようなことはできません。イタコの力を使って故人を降霊させることもできなくはないのかもしれませんが、多くの人はそれを科学的な回答だと認めないでしょう(もちろん、だからといって、そういう非科学的なことが、自殺で遺《のこ》された人にとって何の意味もないかというと、それはそれでまた別の話です)。

また、まさに今、自殺企図(自殺をしようと試みる行動)をしようとしている人に対して、「今どんな心境ですか?」とか「何にそんなに追い詰められているのですか?」とか、そんなふうにインタビューをする人もいませんし、もし可能であっても、この社会においては倫理的に許されることもありません。そんなことをする前に、とりあえずまずはその人の行動を制止し、気持ちが落ち着くように働きかける人がほとんどだと思います。

そして、その結果としてその人が自殺企図をし、不幸にも亡くなってしまえばもちろん、すでに述べたように自殺直前の心境について聞くことはできなくなります。また、結果として死ななければ、その人は自殺企図を考えたが死ななかった人とか、自殺企図をしたが助かった人ということになるので、仮にその人からその後に話が聞けたとしても、それは自殺で亡くなった人がどうであったのか、という話とは厳密にはずれてしまうというわけです。なんともややこしいですが。

どうすれば自殺が起こる原因が分かるのか

この問題に対して、研究者が何もできないと手をこまねいていただけなのかというと、もちろんそんなことはありません。分かっていることもあります。では、自殺はなぜ起こるのかという問題について、研究者はどのようにアプローチしてきたのでしょうか。

たとえば、心理学的剖検調査と呼ばれるやり方があります。これは、自殺で亡くなった方の遺族に生前の様子を語ってもらい、それを他の死亡形態(例:事故死)の遺族が語る生前の様子と比較することを通じて、自殺で亡くなった者にはどんな特徴があったのかを明らかにしようとする試みです。

他にも、より単純に、自殺で死亡した者の人口統計学的な特徴(例:性別)を他の死因による死亡者のそれと比較し、自殺者の特徴を明らかにする、といったことなどもよく行われてきました。

こうした手法によって明らかになることは、ある特定の個人がなぜ自殺をするのか、という情報とは少し異なります。端的に言えば、自殺で亡くなったような人は、他の死に方をした人と比べて、どんな特徴を有している可能性が高いのかという情報だと言えます。これは、「(私にとって重要で大切であった) あの人がなぜ自殺という形で生を終えるに至ったのか?」という疑問への答えにはなりませんが、そうした問題を自分なりに考える上で、重要なヒントとなります。

自殺が起こる「統計的な」原因

では、こうした取り組みの結果、どのようなことが分かっているのでしょうか? それを示したものが表1になりますが、これは自殺の危険因子 (ある事象が発生する危険性を高める要素) を一覧にまとめたものです。なお、この資料は、WHOが世界中の自殺研究の専門家を集めて作成した「自殺を予防する:世界の優先課題」というレポートから引用したもので、世界中の自殺研究の専門家が大筋で合意している事項になります。

この資料を見て分かる最も重要なことは、自殺の発生と関連のある要因は非常に多岐にわたるということです。我々が自殺に関するニュースに触れる時には、どうしても物事が単純化されて伝えられることが多くなります。たとえば、「借金を苦にした自殺」とか「いじめを苦にした自殺」とか、そういう感じです。それは間違っていないのですが、多くの場合、話はそこまで単純ではなく、その背景にはより複雑な物語がある可能性が高い、ということです。そこまで入念な取材が難しいということもあると思いますし、複雑なことが分かっていたとしても読者や視聴者に受けが悪いので、分かりやすい話として編集しているということもあるのだと思います。

それではもう少し、個別の要因について、分かりづらい部分を説明していきます。

保健医療システムの要因

表の一番上に、保健医療システムとして「ヘルスケアへのアクセスの障壁」とありますが、これは要するに、自分自身の健康状態をケアするための援助資源（例：病院）に

保健医療システム	ヘルスケアへのアクセスの障壁
社会	手段へのアクセス
	不適切なメディア報道
	援助希求行動と関連するスティグマ
地域	災害、戦争、紛争
	異文化への適応と強制移動のストレス
	差別
	トラウマもしくは虐待
人間関係	孤立感および社会的支援の不足
	人間関係の葛藤、不和、喪失
個人	過去の自殺企図
	精神障害
	アルコールの有害な使用
	失業もしくは経済的損失
	絶望
	慢性疼痛
	自殺の家族歴
	遺伝学的および生物学的因子

表１　自殺の危険因子

出典：WHO（2014）「自殺を予防する：世界の優先課題」
https://apps.who.int/iris/bitstream/handle/10665/131056/9789241564779_jpn.pdf

アクセスしづらい場合、自殺が起こりやすくなるということです。警察庁の自殺統計では自殺の原因だと警察が判断した要因が集計されますが、最も多い要因は健康問題（おおむね4割程度）です。自殺に関わる健康問題と言われるとこころの健康のことをイメージしがちですが、ここで言う健康問題とは、身体的健康と精神的健康の双方を含むものです。表1の個人要因のところに慢性疼痛《とうつう》（主に、身体的健康）や精神障害（主に、精神的健康）といったことも記載されているように、こころの健康は大事ですが、やはり、身体の健康も生きていく上では大事です。身体的健康の問題や慢性疼痛と言われてもなかなか若い時にはイメージしづらいことが多いと思いますが、たとえば、末期癌《がん》で身体の痛みが取れない、みたいな状態をイメージすると分かりやすいのではないかと思います。

日本における地域・地理条件別の自殺率を見ると、東北や北陸の過疎化率・高齢化率の高い山間部で特に高くなり、太平洋側・瀬戸内海沿いの平坦で比較的温暖な地域では低くなるという大雑把な傾向があります。こうした現象が起こるのは、東北や北陸の（特に、日本海側の）過疎化率・高齢化率の高い、いわゆる田舎には潤沢な保健医療資源がなく、かつ、雪や傾斜によっても移動が制限されるためこうした援助資源へのアクセスが制限されがちだという事情があると考えられています。

我々がどのように生き、死んでいくのかということは、どこに住むのかという一見自殺とは関係のなさそうなことからも影響を受けています。

社会的要因①——自殺の手段へのアクセス

社会的要因としては、「自殺の手段へのアクセス」「不適切なメディア報道」「援助希求行動と関連するスティグマ」が挙げられています。ちょっと長くなるので、分けて説明をしていきたいと思います。まずは、「自殺の手段へのアクセス」についてです。

「自殺の手段へのアクセス」とは、自殺企図の方法にアクセスが容易な状況では自殺が発生しやすくなり、反対に自殺企図の方法へアクセスが困難になると自殺が発生しづらくなるということです。我々は、自分自身の力のみで、道具や環境の力を使わずに自分の身体に致死的なダメージを与えることはできません。そのため、自分の身体に致死的なダメージを与えるための道具（例：拳銃）や環境（例：高層ビル）が使いやすい状況では自殺が発生しやすくなり、反対に、道具の使用やアクセスが制限されると自殺は起こりづらくなります。

こうした特性を活用した自殺対策の一つが、電車の駅におけるホームドアの設置です。ホームドアはもともと転落事故防止のために設置されたものですが、自殺対策としても効果があることが実証されています。というのは、ホームドアのような障壁があることが電車に飛び込むという行動をしづらくさせているからです。「そんな単純なことに意味があるの？」と思われるかもしれませんが、自殺対策（自殺による死亡を防ぐという意味で）としても最も効果が高いのは、この手の、物理的に自殺方法へのアクセスを困難にするというやり方です。他にも、橋や滝など飛び込みの名所とされるような場所にフェンスを設けたり、練炭のように自殺に使えるものの販売方法を変えたり（例：店内に商品を置いておかず、店員に声をかけて店の奥から出してもらわないと買えないようにする）、過量服薬できないように薬を瓶詰で販売せずにブリスター包装（透明樹脂を成型し、台紙などで封をして、錠剤を個包装にしたもの）に変えるといった非常に「些細《ささい》な」方法にも、自殺企図や自殺死亡を減らす効果があると言われています。

こう言われると皆さんは思うのではないでしょうか。「特定の手段を制限すれば、その方法を使った自殺企図や自殺死亡は減るかもしれないけど、結局は別の方法で死のうとするから意味ないんじゃないの？」とか「ある駅にホームドアを設置しても、ホームドアが設置されていない別の駅に移動するだけなのでは」と。これは妥当な疑問で、現状では決着のついていない問題です。そのため、確かなことを言うのは難しいのですが、限られた研究を見ると、どうやらそのようなことはあまり起こらないようなのです。つまり、自殺の手段を制限されてそれが使えないと、自殺企図を諦めることも多いということです。

「なぜそうなるのか？」と質問されるとさらに困ってしまうのですが、一つの仮説は、我々の多くはそれほど入念に自殺企図の方法を考えてから企図に及ぶわけではないという可能性です。あまり深く考えず、衝動的に企図する場合もけっこう多い、と言っても良いです。そのため、当初予定していた方法や、慣れ親しんだ方法が使えなかった場合に、即座に別の方法に乗り換えるといったことはできず、その間に高まった死にたい気持ちが少しずつ落ち着いていくといったことがあるのかもしれません。

社会的要因②――不適切なメディア報道

二つ目の社会的要因は「不適切なメディア報道」です。これは、ウェルテル効果という名前で知られている現象のことで、芸能人や政治家などの有名人が自殺死亡をしたことが大々的にメディアで話題になると、その後しばらく自殺者数が増加するという現象です。つまり、自殺報道が頻繁になされることによって、後追い自殺が発生するということです。

ウェルテル効果の「ウェルテル」は、ゲーテの『若きウェルテルの悩み』という著作に由来します。文豪ゲーテの代表作であり名前を知っている人も多いと思いますが、この物語はざっくり言うと、主人公の青年ウェルテルが婚約者のいる女性を相手に叶《かな》わぬ恋をし、絶望のはてに自殺をするというものです。この本は当時のヨーロッパで大ベストセラーとなり、それと同時に、ウェルテルと同じような格好、同じような方法で後追いをする者が多発しました。『若きウェルテルの悩み』は創作物、物語であり、実在の人物が亡くなったニュースとは異なりますが、この例から分かるように、架空の人物であってもウェルテル効果は発生します。とはいえ、小説・ドラマ・映画の登場人物のような架空の人物よりも、実在の人物が自殺で亡くなったケースの方が、後追い自殺を誘発する力は大きいようです。

ウェルテル効果のもう一つの特徴として、ウェルテル効果による影響は、亡くなった人と同じような属性を持つ人において大きい（特に、女性や若者の場合は顕著）というものがあります。自殺で亡くなったのが、たとえば、若い女性アイドルであれば、若い女性が大きな影響を受けるといったイメージです。

また、ウェルテル効果のように有名人が自殺で亡くなったケースではなく、比較的特異な方法で自殺が行われた場合も、多くの人の関心を集め、同じ方法を使った後追い自殺が発生します。『若きウェルテルの悩み』出版後もウェルテルと同じ方法で自殺企図をした人が頻発したようですが、自殺の方法が報道されると、それを見た人に学習され、後追いや模倣が発生する場合があるということです。日本では、２００８年に特定の薬品を混ぜ合わせ硫化水素を発生させて自殺するという方法が流行しましたが、これも、不適切なメディア報道によって引き起こされた事態だと言うことができます。

社会的要因③——援助希求行動と関連するスティグマ

三つ目の社会的要因は「援助希求行動と関連するスティグマ」です。援助希求行動とは助けを求める行動、スティグマとはある属性に対するネガティブなイメージのことです。そのため、「援助希求行動と関連するスティグマ」とは、助けを求めることやその結果として与えられる属性に関するネガティブなイメージを意味することになります。

たとえば、死にたい気持ちが強くなりこれは何かおかしいと思い、精神科の病院を受診することを考えたとしましょう。しかし、他人に相談をすることや、相談の結果として自分自身に精神障害の診断がつくことが嫌だったり恐かったりするために、病院に行くことができない、といった場合があるかもしれません。このようなことが、「援助希求行動と関連するスティグマ」の意味するものです。

スティグマというのは、一般に、パブリック・スティグマとセルフ・スティグマの2種類があると言われています。パブリック・スティグマとは、当事者ではなく社会を構成する一般の人が、たとえば、「死にたいなどと言う弱い奴はこの社会に不要だ」といった形で有している当事者への偏見のことを指します。そして、パブリック・スティグマが当事者に内在化され、当事者が、「つらくて死にたいなんて思ってしまう自分なんか、この世にはいらない人間なのかもしれない」と思ってしまうことがあります。これがセルフ・スティグマです。このようなスティグマは、仮に死にたいほど追い込まれているような状況にあったとしても、他者に助けを求める行動の発生を抑制します。そのために、スティグマとそれに伴う援助希求の抑制は、自殺と関連するというわけです。

地域・人間関係要因

次の要因ですが、地域と人間関係の項目は一つにまとめてしまいましょう。というのも、「災害、戦争、紛争」「異文化への適応と強制移動のストレス」「差別」「トラウマもしくは虐待」「孤立感および社会的支援の不足」「人間関係の葛藤、不和、喪失」とありますが、これらが意味していることは、ざっくりというと、良質な対人関係、我々の人生を支えてくれるような人間関係がなくなるような事象が発生した際に、我々は自殺のリスクにさらされるということです。災害、戦争、紛争やそれに伴う移住、強制移動などを受ければ、当然、もともとあった人間関係が失われます。差別や虐待も、人間関係を損なう事象です。「人間関係の葛藤、不和、喪失」の代表例としては、死別や離婚などが挙げられますが、死別や離婚を経験すると、人間関係が喪失されるため、自殺のリスクは増大します。

とはいえ、こうした知見の解釈には、注意も必要です。日本は地理的な条件から災害の多い国となっていますが、前述のように、災害の発生は自殺リスクの高まりと関連します。ここまではいいのですが、このリスクの高まりはすぐに起こるわけではなく、一時的なリスクの低減のあとにやってきます。つまり、災害後の自殺のリスクは、J字型に変化するということです。

そのような現象が起きるメカニズムはこうです。大きな災害が発生すると、我々は一時的に団結するようになり、利他的になります。たとえば、東日本大震災の後に普段は空いている献血会場が満員になったといったことを思い出してもらえればいいのですが、このような事象は普遍的なものです。また、疑似戦争であるワールドカップやオリンピックの期間中に自殺率は低くなるのですが、これも、ナショナリズムの盛り上がりが人々を一時的な熱狂と団結に導くからです。災害や戦争・紛争によって我々に生じる一時的な団結の強まりは、災害からの復興などを促進するために人間社会に備わっている傾向なのだろうと思います。この団結はおおむね3ヶ月程度は続き、その間に復興できるような小さな災害であれば良いのですが、たとえば東日本大震災のようにそのような短期間ではとても復興できないような大災害の場合には、復興が終わらず日常を取り戻せないうちに、我々の一時的な団結・熱狂が冷めてしまいます。それまで協力し合っていた人々が利他的ではなくなり、徐々に以前と同様の状況に（より利己的に）戻っていくと、人々の紐帯《ちゅうたい》は綻び、孤独がやってきます。しかし、復興は終わっておらず、日常生活は失われている。これが自殺リスクの高まりです。このような理由で、「災害、戦争、紛争」が自殺のリスクと関連するといっても、それがどの時期なのかによって、影響が異なってくるというわけです。

個人的要因

表1の説明の最後、個人的要因についてです。ここでは、「過去の自殺企図歴」「精神

障害」（アルコールの有害な使用を含む）「失業もしくは経済的損失」「絶望」「慢性疼痛」「自殺の家族歴」「遺伝学的及び生物学的因子」といった項目が挙げられていますが、こうした状態にある個人の自殺の危険性はそうでない人に比べて高いということです。

特に重要なものは、「過去の自殺企図歴」です。要するに、過去に自殺企図をしたことがある人はそうではない人に比べて自殺企図を（再度）行う可能性が高いということです。将来の自殺死亡を予測する最も重要な要因は過去に自殺企図をしたことがあるか否かであり、自殺の危険性が疑われる際には、必ず確認をする事項です。

「精神障害」への罹患《りかん》も自殺のリスクを高めますが、これは全ての精神障害という意味ではありません。特に、うつ病、アルコール使用障害（一般的には、アルコール依存と言った方がいいかもしれません）、統合失調症といった精神障害が自殺と関連すると言われています。うつ病は、「絶望」という項目とも関連しますが、絶望とは、今の悪い状況がこのまま未来永劫《えいごう》続いてしまい、変わることはないのだと思い込む状況のことを指しています。うつ病のように抑うつ的な気分がしばらく継続し、今までやっていたことにも興味や関心がなくなるような状況だと、周りの人からはそうは見えずとも、状況は変わらないと絶望をしてしまうことが多く、それが自殺につながりやすいということです。

「失業もしくは経済的損失」とありますが、これは、中高年男性に特に大きな影響を与える要因です。そもそも、日本では中高年男性の自殺率が高いのですが、失業や倒産・借金と、それに伴うアルコールの不適切な使用、うつ病の重なりというのは、「魔のトライアングル」とも言われています。失業や倒産による金銭的苦境はそれだけでも当然つらいものですが、仕事上の人間関係を奪われることにもつながります。我々が生きていく上で良質な人間関係がいかに重要かという話はすでに説明した通りですが、少なくとも日本における中高年男性の人間関係は仕事を中心に回っています。中高年男性にとって、仕事がなくなることは、金銭的苦境だけではなく、人間関係が無くなることも意味しているというわけです。そして、こうした苦境をきっかけにうつ病になっても、スティグマのせいで相談をすることができず、一人で飲酒に頼って気を紛らわせるしかない（そのうちに、妻は愛想を尽かせて子どもを連れて出ていってしまうかもしれない）。このような状況が「魔のトライアングル」が意味するものです。

「自殺の家族歴」「遺伝学的及び生物学的因子」とありますが、家族が自殺で亡くなり自死遺族になることは、自殺のリスクを高めます。もちろん、誰が亡くなるかによって影響はさまざまですが、いずれにせよ人間関係が失われるので、それは自殺のリスクを高めるのです。一家の稼ぎ手が亡くなれば遺された人たちは「経済的損失」のような他の自殺リスクにも曝《さら》されることになります。また、「遺伝学的及び生物学的因子」とあるように、自殺には遺伝的な要因も関係しているようです。つまり、自殺が生じやすい家系があると理解すれば良いと思います。「氏か育ちか」という言葉もありますが、通常、人間の行動というものは、遺伝的な要因（氏）と環境・発達的要因（育ち）の相互作用の結果として生じるものであり、自殺にも当然のことながら遺伝的要因は関係してきます。

子ども・若者が自殺を考える理由

これまで自殺全般について話をしてきましたが、本書は比較的若い人が多く読むと思いますので、子ども・若者が自殺を考える理由についても簡単に統計資料を挙げておきたいと思います。

令和元年の順位	小項目	令和元年の人数	令和２年の人数（順位）	大項目
1	学業不振	43	52（2）	学校問題
2	その他進路に関する悩み	41	55（1）	学校問題
3	親子関係の不和	30	42（3）	家庭問題
4	家族からのしつけ・叱責	26	26（6）	家庭問題
5	病気の悩み・影響（その他の精神疾患）	26	40（4）	健康問題
6	その他学友との不和	24	26（7）	学校問題
7	入試に関する悩み	21	18（8）	学校問題
8	病気の悩み・影響（うつ病）	20	33（5）	健康問題
9	失恋	16	16（9）	男女問題
10	その他交際をめぐる悩み	13	5（17）	男女問題

表２　児童・生徒が自殺を考える理由
出典：文部科学省（2021）「コロナ禍における児童生徒の自殺等に関する現状について」
https://www.mext.go.jp/content/20210216-mxt_jidou01-000012837_003.pdf

表2は、文部科学省がまとめた「コロナ禍《か》における児童生徒の自殺等に関する現状について」という資料です。令和元年はコロナ前、令和2年はコロナ発生以後ということになります。

表を見れば分かるように、児童・生徒が自殺を考える理由は新型コロナの流行によって多少の影響を受けたものの、昔から、大きくは学業や進路に関する悩みと、親や家族との関係の不和の二つです。これについては大きな変化はありません。もちろん、凄惨ないじめによって自殺に追い込まれるという事例もありますが、児童・生徒の自殺の大半はそのようなものではありません。

我々が子どもの自殺と言われた際にいじめを連想してしまうのは、メディア報道の影響です。人間の性《さが》でしょうか、学業不振や家族との不和で自殺が生じても、我々はテレビに釘《くぎ》付けにはなりません。ネットで詳細を検索しようとする人も稀《まれ》でしょう。そのため、大半の自殺が報道されることはありません。一方で、凄惨ないじめによって自殺が発生したといったことがあれば、我々はその件についてテレビを見たり、ネットで詳細を調べたりしようとするでしょう。数字（例：視聴率、ＰＶ）が取れるのでメディア上での扱いは加熱し、我々はその報道により熱中していきます。このような構造によって、世間の注目を集めるようなタイプの自殺だけが報道されるという偏りが生じ、そうしたものが積み重なった結果、我々はいつの間にか「子どもの自殺＝原因はいじめ」のように思いがちです。しかし、実際に生じている大半の子ども・若者の自殺はそのようなものではないということは、注意が必要な点です。

児童・生徒というのは小学校から高校まで通う子どもの名称ですが、では、もう少し上の大学生はどうでしょうか。少し古い資料になってしまいますが、図１は、横軸に入

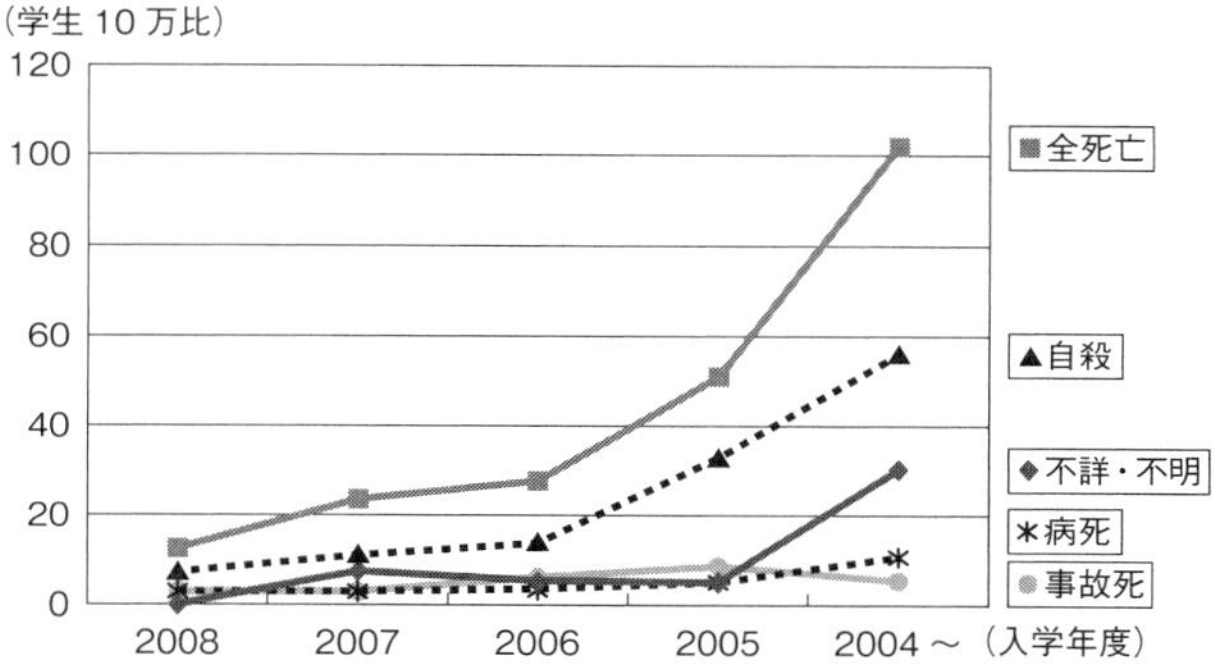

図1　大学生の学年別自殺率

出典：内田千代子（2011）「大学における休・退学、留年学生に関する調査（第31報）」平成22年度学生の心の悩みに関する教職員研修会 第32回全国大学メンタルヘルス研究会報告書

学年度（左側が1年生で右にいくほど学年があがる）、縦軸に大学生の死因別死亡率をとったグラフです。この図を見ると、大学生の自殺率は3年生頃から上昇し、4年生になるとかなり高まり、留年をするとさらに高まるということが分かります。通常、日本全体の自殺率は15～20人／10万人ですから、4年生以上になると平均よりもはるかに自殺率が高くなるということが見てとれます。これはやはり、4年生ともなると、学業（卒業）や就職（進路）にともなう悩みが非常に強くなるからだと考えられます。こうした点は、児童・生徒の自殺の原因に関する資料と同じだということができます。

自殺の対人関係理論

ここまでたくさんの自殺と関連する要因について説明をしてきました。大事なことなのでもう一度言いますが、自殺というのはこれだけ複雑な現象であって、何か原因を単純化して考えることは厳に戒めなければなりません。とはいえ、「これだけたくさんあるとよく分からない！」「もっと簡単に、シンプルに、分かりやすくして！」という要望もあると思います。そこで考えられたのが、「自殺の対人関係理論」というものです（図2）。

自殺の対人関係理論とは、トーマス・ジョイナーというアメリカの研究者が提唱した自殺についての理論ですが、これまでの自殺の危険因子をまとめて理解するのに大変役に立つ考え方なので、ぜひ覚えてください。この理論では、自殺の危険性は、「身についた自殺潜在能力」、「所属感の減弱」、「負担感の知覚」の三つの要因が合わさった時に最も高くなると考えます。そして、この三つの要因に影響を与えるのが、これまで説明してきた表1にあるようなさまざまな自殺の危険因子だというわけです。「所属感の減

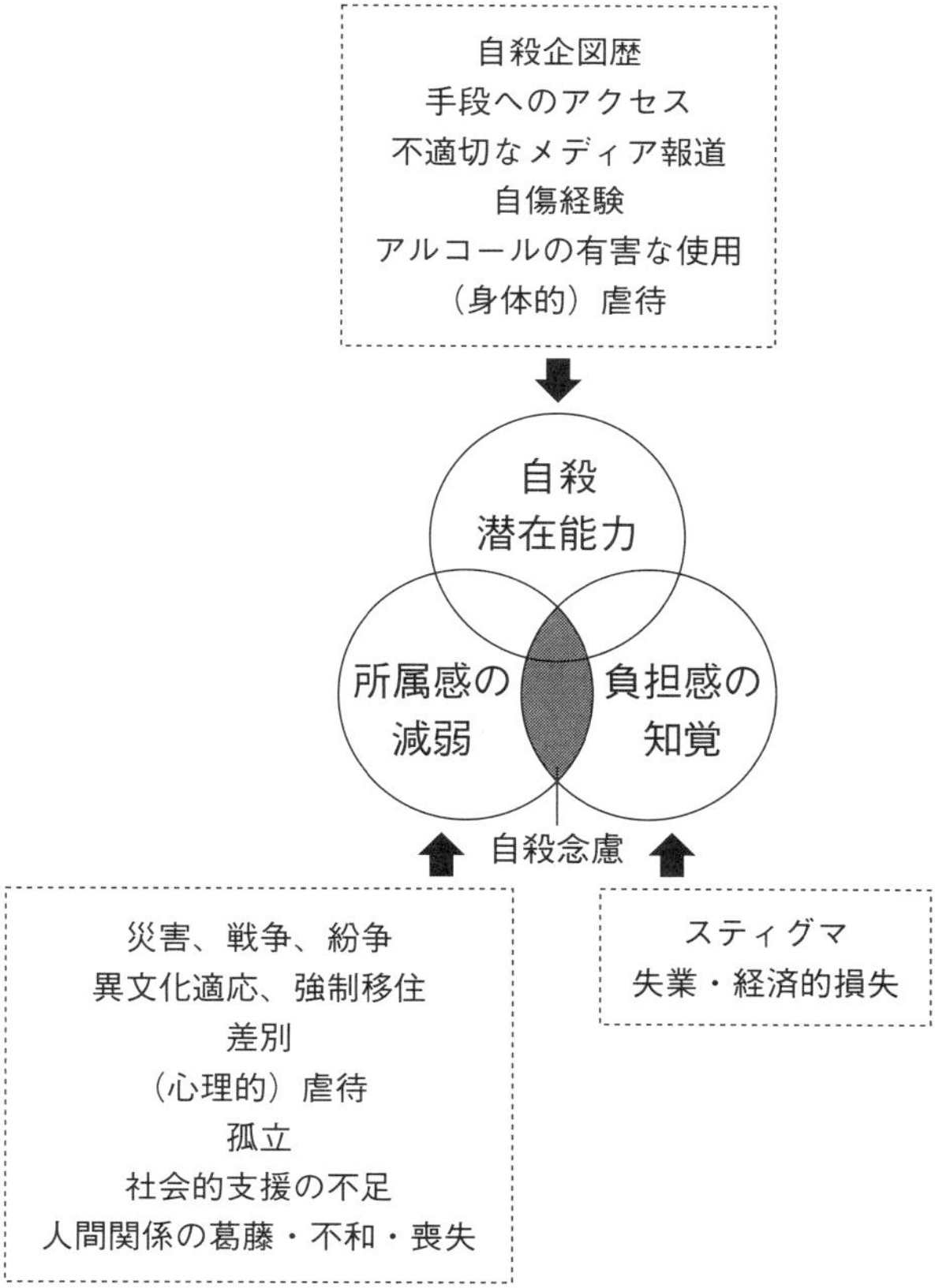

図２　自殺の対人関係理論と自殺の危険因子の関係

弱」とか、漢字で堅苦しく書くとちょっと難しいような気もしますが、それほど難しい話ではありません。一つずつ説明をしていきます。

自殺潜在能力——死に切る力

まずは、身についた自殺潜在能力についてです。自殺潜在能力などと言われると、「なんだそりゃ?」という感じだと思うのですが、これは要するに、自らの身体に致死的なダメージを与える力、死に切る力と言っていいと思います。そんなものを後天的に身につけた能力と考えるのもややおかしいと感じるかもしれませんが、実際、これはやはりそう考えるのが正しいように思います。おそらくもし、今、私が、「あなたの利き手のこぶしをかたく握り込んで、全力で頬を殴ってみてください」とお願いし、それをやったらとても大きな報酬があるとしても、「全力」ではできない人が大半だと思います。とても恐いですし、痛いのはやはり嫌です。全力でやろうとしても、無意識に手加減をしてしまうでしょう。人間は通常、自分自身の身体に意図的に大きなダメージを負わせるようなことに慣れていないので、こうしたことは、誰でもいつでもできるものではありません。

それでは、どうするとこの「能力」は高まるのでしょうか。端的に言えば、練習するということになります。練習とは何かというと、例えば過去の自殺企図というわけです。自殺企図を繰り返すことによって、我々は徐々にこうした能力を高め、最初は自分の身体にダメージを負わせることができなかった人も、段々と致死的なダメージを与えることができるようになります。たとえば、若い女性などに多い自殺企図の方法に過量服薬がありますが、最初は精神科で処方されていた薬をちょっと普段より多めに飲むというところから始まります。しかし、この能力が高まることによって、その量を徐々に増やしていくことができるようになります。さらに進み、薬を飲むだけではなくアルコールと一緒に大量に飲み、最後は、致死的な方法（例：縊首《いしゅ》）を薬とアルコールによって意識が通常とは異なる状態の中でできるようになる、みたいなイメージです。

もちろん、この能力を高めるのは、過去の自殺企図だけではありません。自傷行為というのは通常、死のうという意図の下に行われるのではなく、ストレスへの対処行動として実施されますが、身体に小さなダメージを与えることを積み重ねることによって、より大きな傷をつけることができるようになります。身体的な虐待経験もこうした能力を高めますし、軍事経験なども死に切る力を高めます。不適切なメディア報道やインターネットによる情報拡散によって、より苦痛の少ない死に方に関する情報が広まり、そこにアクセスできるようになった人も、やはりこの能力が高まります。

仮に死にたくなったとしても、自殺潜在能力が十分になく、自らの身体に致死的なダメージを与えることができなければ人は死にません（死ねません）し、死なければやり直すことはできるかもしれません（というよりも、死んでしまうとやり直しが絶対にきかないと言った方がいいかもしれません）。そのため、この「死に切る力」がどれだけあるかという点は、自殺予防の観点から、最も重視される点でもあります。

所属感の減弱と負担感の知覚

自殺の対人関係理論の二つ目の要素は、所属感の減弱です。これは、他者とかコミュニティとかに所属している感覚が弱くなってしまっているということですから、より平易な日本語にすれば、孤独感の高まりと言って良いと思います。人は他者との関係が切れ、孤独になってしまうと文字通り生きていけず、自殺してしまうというわけです。これまでに見た自殺の危険因子の中の、地域的要因や人間関係要因は、主に所属感の減弱につながっており、人々のつながりを断ち切り、孤独にすることで自殺のリスクを高めます。

自殺の対人関係理論の三つ目の要素は、負担感の知覚です。これは、自分は社会のお荷物になっているとか、誰かに迷惑をかけるような存在である（が故に自分が嫌い）という考えのことで、もう少し一般的な日本語にすると、お荷物感とか、低い自尊心といった感じになると思います。一家の稼ぎ手であった男性が失業すれば当然こうした感覚を抱くでしょうし、たとえば社会の一般通念として「男は稼いでなんぼ、一人前」「相談をするなんて恥ずかしいこと」といったものがあれば、こうした感覚はより強まるはずです。

そして、孤独になり、自分が他者に迷惑をかけるお荷物だと考えるようになると、我々は死にたい（希死念慮）と思うようになり、さらに、状況が今後も変わらないと絶望し、死ぬ方法が自殺という形で具体化すると自殺したいと考えるようになります（自殺念慮）。自殺念慮が現れた時に、実際に自分の身体に致死的なダメージを与える力があると（自殺潜在能力が高いと）、致死的な手段を用いた自殺企図が発生し、場合によっては自殺死亡が生じる、ということになります。そのため、この三つがそろっている状態が最も自殺の危険性が高いということになります。

理論を使って世界を眺め、理解する

学術的な理論というものは便利なもので、こうした考え方を知っていると、世界の複雑な現象が理解しやすくなります。一つ、具体的な例を挙げながら、自殺に関する事象・傾向を理論を使って見通してみたいと思います。

皆さんは、どのような人の自殺率が高いと思っているでしょうか。国や地域によって多少のバラツキや傾向の違いはありますが、共通点も多々あります。男性の自殺率は女性の自殺率よりも通常は2～3倍程度高く、これは、歴史的に見ても地域的に見ても普遍性のあることです。自殺というのは子どもに多いものだと勘違いしている人も多くいますが、通常子どもの自殺というのは極めて少なく（だからこそ、ニュースなどで取り上げられることが多いわけですが）、大人の方が自殺率は高くなります。つまり、中高年男性が最も自殺率の高い人々ということになります。

ではなぜ、男性の自殺率は女性のそれよりも高いのでしょうか。この問いに対して、「男性の方が生きづらい世の中だから」とか、「男は仕事が大変でストレスが多い」とかそのように考える人は多くいますが、これは十分な答えではなく、少なくとも、ここまでに説明した理論や危険因子の話を理解しているとはいえません。現状の日本社会では、確かにまだまだ一家の稼ぎ手は男性であることが多く、そのストレスやプレッシャーは大きなものでしょうが、たとえば、平均的に見ると、女性の方が男性よりも抑うつ度は高いものですから、必ずしも男性ばかりがつらいわけではありません。

それでは、自殺の対人関係理論を使ってこの現象に説明を与えてみましょう。男性の自殺率が高くなる理由は、自殺潜在能力、所属感の減弱、負担感の知覚の三つの観点から説明することができます。

第一に、男性は女性に比べて自殺潜在能力、つまり、自己の身体に対してダメージを与える力が高く、より致死的な方法で自殺企図を行います。そのため、自殺死亡は男性の方が多くなります。一方で、女性の方はなかなか致死的な方法で自殺企図ができないため、自殺未遂（自殺企図の結果、助かったケース）が男性よりも多くなります。一般に男性の方が自殺潜在能力が高いのは、生まれ持った素因もあるでしょうし、育った環境の力（例：暴力に慣れ親しむ可能性が高い）もあると思われます。

第二に、男性は女性に比べて所属感の減弱を経験する可能性が高く、孤独になりがちです。あなたの周囲の人を見てみましょう。男性と女性、どちらが友人が多そうでしょうか。言うまでもなく、女性の方が平均的に見れば対人関係のスキルが高く、充実しています。中高生の女子のグループを見ていると、人間関係が複雑で大変そうだなと思いますが、そのような経験を経ることによって、女性は男性に比べて高い対人関係スキルを得て、さまざまなところに対人関係を作っていくことができるようになります。これが、女性の方が男性よりも自殺率が低い大きな要因です。

たとえば、離婚や死別は遺された人の自殺の確率を高めますが、その影響には性差があり、男性の方がより強い影響を受けます。夫の持っている対人関係は元々少なく、妻の影響力は大きなものです。一方、妻の持つ対人関係は夫よりも多いため、夫がいなくなることの影響はそれほど大きくありません。そのため、離婚や死別の悪影響は、男性の側により大きなものとして現れるというわけです（一応、これらを経験した女性の自殺率も多少は上がるので、妻にとって自分は重要じゃないんだと落ち込んだ男性の皆さんは安心してください）。私も含めて、男性側は、こうした点を考慮し、妻のことをより大切に扱うべきでしょう。それが自分自身のためなのですから。

話がややそれたので戻しますが、第三に負担感の知覚についてです。男女共同参画が目指される社会にはなってきていますが、「男は稼いでなんぼ」とか「男は人前で泣くべきではない」といったジェンダー規範は根強いものがあります。そのため、何か困ったことがあった時にも、自殺や精神障害に関するスティグマを男性の方はより強く感じ、相談行動は強力に抑制されます。「いのちの電話」などの社会に開かれた匿名の相談の場であっても、その利用者は圧倒的に女性の方が多いものであり、男性の方はスティグマを内面化して相談をしないため、ますます自分で抱え込むという対処しかできなくなります。そして、それでうまくいかなければ（多くの場合、ちゃんと働いて稼げなければ）、自分は社会のお荷物だと一人で負担感の知覚を感じる状態が続くことになります。

こうした観点から見てみれば、なぜ男性の自殺率が女性のそれよりも高いのかがしっかりと理解できるかと思います。

「理論」とは、このように、複雑な現象の見通しをよくするための道具であり、理論を学ぶことによって、我々は世界を見る見方を変えることができるようになります。

それでも自殺は分からない

さて、ここまでやや偉そうに自殺とはこういうものだと説明をしてきたわけですが、第1章を終えるにあたって、やっぱりそれでも自殺には分からないことも多い、ということを説明をしておきたいと思います。

繰り返しになりますが、ここまで説明してきたことは、統計的に見て、自殺をした人とそうではない人の違いについていろいろと調べて論理的に考えていくとこういうふうに説明ができるという話でしかありません。統計的に見ると（全体としては）こういう傾向があるという話と、私にとって重要だったあの人がどうであったのかということが完全に一致することはありません。男性の自殺者の方が多いからと言って女性の自殺者がいないわけでもありませんし、健康問題があるわけでもなく、金銭問題があるわけでもなく、対人関係も充実していたように見えるのに自殺が発生した、というケースだってあるでしょう。全体的に見た傾向が個別のケースを完全に説明できるわけではありません。

そのため、こうした知識は、短期的な自殺の生起の予測に十分な効力を発揮しません。次章と関わる問題ですが、我々が自殺が起きるか否かを知りたい場合というのは、たとえば、夜中に友人から「死にたい」という連絡が来たのだけど、このまま放置して翌日会った時に声をかける程度でいいのか、今からタクシーに乗ってでも様子を見に行った方がいいのか、みたいな場合がほとんどです。つまり、短期的に自殺が起きる可能性があるのかどうかを知りたいということです。長期的に見て、この人が将来自殺で死ぬ可能性が高いのか、あるいは自然死／病死をする可能性が高いのかが知りたい、というケースはほとんどないでしょう。しかし、繰り返しになりますが、統計的に分かっていることというのは、自殺で亡くなった人とそうではない人の特徴の比較といったものですから、後者の長期的に見た予測に使うことは適当でも、前者のような短期的に自殺が起こるかどうかを予測するためには、必ずしも適切で十分なデータ／研究結果ではないということです。

それではなぜ短期的な自殺の生起の予測ができていないのかというと、それはごく単純に言えば、そのようなデータが存在しないからに他なりません。膨大な数の人の人口統計学的属性データと日常生活の記録、その人が短期的に自殺死亡したか否かを組み合わせたデータセットがあればそうした予測も可能になっていくはずですが、そのようなものは少なくとも現状では存在しません。もちろん、現状でそのようなものが存在しないために技術的に予測ができないということは、未来永劫できないということではなく、いずれできるかもしれないということでもあります。

第2章

「死にたい」と言われたら

可視化された「死にたい」

皆さんは、Ｔｗｉｔｔｅｒで「死にたい」と検索したことがあるでしょうか？　必ずしもＴｗｉｔｔｅｒでなくても良いですが、ＴｗｉｔｔｅｒなどのＳＮＳ上には「死にたい」という声があふれています。検索をしてみれば一目瞭然で、この原稿を書いている今も、そしてこの原稿が読まれている時も、おそらくは変わらず、多くの人が「死にたい」とつぶやいているはずです。

「死にたい」にはもちろん、さまざまな意味があります。どのような意味でこの言葉を発しているかは、ケースバイケースです。かなり深刻に自殺を考えており、具体的な自殺の手段まで準備している場合もあれば、冗談のようにつぶやいている場合もあるでしょう。この言葉だけでその人の状態を判断することはできませんが、とはいえ、そんなことを言う人と言わない人を比べれば、前者の方が何らかの問題を抱えている可能性が高いだろうと推論することに異論はないでしょう。

「死にたい」という思いを抱えることそのものはそれほど珍しいことではありません。どのように質問をするかにもよりますが、たとえば、「過去１年の間に、自殺をしたいと考えたことがあるか」という質問をすると、一般的には5%前後の人が「はい」と回答します。過去1年ではなく、これまでの人生で、というような縛りにすると、20～30%前後の人が、自殺をしたいと考えたことがあると回答します。つまり、長い人生を送る上で、2～3割程度の人はそれなりに深刻に自殺をしたいと考えたことがあるということになります。「死にたい」と思うことは珍しいことではないというのはこのような意味です。

「死にたい」と言う人は、放っておいて大丈夫？

これだけ多くの人が、自殺をしたいと過去に考えたことがあり、そして一部の人は今もまさに考えています。しかし、現実に自殺で亡くなるのは、おおむね人口の2%程度です。2～3割の人が人生において一度は自殺を考えるとしても、実際に自殺で亡くなる人はその1／10の2%ですから、自殺を考えたとしても、自殺で亡くなる人はそれほど多いわけではないと言うことそのものは間違いありません。自殺で亡くなるのは、自殺を考えることに比べてはるかに難しいと言い換えることもできるかもしれません。

では、「死にたい」とか「自殺したい」という発言はそれほど意味がないもので、軽く扱ったとしても実際には自殺が起こることはないのでしょうか。別に死ぬつもりで言っているわけではなく、ただ単に周囲の注意をひきたいとか、そういう意味合いで発言されているものだと理解して良いのでしょうか。

この問題については、私は、実際に調査をしたことがあります（詳細が気になる人は、Google Scholar という検索エンジンで「sueki suicide twitter」と検索してみましょう。全文の内容を無料で読むことが可能です）。Ｔｗｉｔｔｅｒで「死にたい」とか「自殺したい」とか、そういうことをつぶやいている人はどういう人なのだろうか?という調査です。実際に、Ｔｗｉｔｔｅｒで「死にたい」とか「自殺したい」とかつぶやいている人と、そうではない人（ＴｗｉｔｔｅｒなんかやっていないとかＴｗｉｔｔｅｒはやっているけどそんなことはつぶやいていない人）を比較すると、Ｔｗｉｔｔｅｒで「死にたい」とか「自殺したい」とかつぶやいている人は、過去に自殺企図をしたことがある人が多く、自殺の計画をしており、自殺念慮を抱いていて、自傷経験があり、抑うつ度が高く、精神科に通った経験があり、アルコールを飲む頻度が高いようでした。ここまでの本書の内容をお読みいただいている方には一目瞭然だと思いますが、自殺の危険因子のオンパレードという状態です。

Ｔｗｉｔｔｅｒで「死にたい」とか「自殺したい」とかつぶやいている人が、これまでの人生で自殺したいと真剣に考えた割合は7割程度でしたので、一般人口での2〜3割という調査結果と比較するとかなり高いことが分かります。一方で、10割ではないので、冗談のように（つまり、自分自身が本当に死にたいと思っているわけではなく）「死にたい」とつぶやいている人も一定の割合でいるということです。

「『死にたい』と他人に言うような人は実際には自殺しない」という話があります。一方で、自殺に関する専門家や識者が、そんなことはなく、それは神話であって、実際には自殺するのだと言う場面を目にすることもよくあります。上記のような調査を総合して考えると、これらはどちらも正しく、一方でどちらも十分には正しくないと言うことができます。

「死にたい」とか「自殺したい」とか言う人が、〝今すぐ〟に自殺を試みて実際に亡くなる可能性は低いものです。ですから、「死にたい」なんて言うやつほど死なないというのは、短期的に見ればほとんどの場合正解です。仮に「死にたい」とか「自殺したい」と言う人がいて、3日以内に自殺で亡くなるか否かを賭けなければいけないような状況があれば（そんな状況は実際にはほぼないのですが）、死なない方に賭ける方が有利でしょう。

一方で、「死にたい」とか「自殺したい」とか言う人は実際のところ自殺の危険因子をかなり多数保有しているので、長い目で見れば自殺で亡くなってしまう可能性はそんなことを言わない人間に比べるとはるかに高いということになります。そして、もちろん可能性としては、それが「死にたい」とか「自殺したい」と言った直後に起こることもあります。ですので、「「死にたい」と他人に言うような人は実際には自殺しないというのはウソだ」という話も、間違いではないわけです。

「死にたい」と言われたら

「死にたい」という表現はSNSの専売特許ではなく、実際に、我々は身近な人からそう言われる場合もあります。私は所属大学で「自殺学」という半期15回の間、自殺のことしかしゃべらない授業をやっていますが、受講生の大学生からは頻繁に、「友人や恋人から「死にたい」と言われてどうしたらいいのか分からなかった」という質問を受けます。もちろん、「死にたい」と言われてどうしていいか正解が分からなかった、というような体験をしたからこそそんな授業をとっているのだろう、と言われればそうなのですが、それにしても、2~3割前後の人が人生で一度は自殺を考えるのであれば、それを打ち明けられる経験をしたことがある人もそれなりの数はいるでしょう。本書を読んでいるあなたも、そうかもしれません。

それでは、我々は「死にたい」と言われた時にどうすれば良いのでしょうか。

私の考える正解は必ずしも「自殺を予防する」ではありません。特に、自殺することを考えている人や、身近な人を自殺で亡くした人が「自殺を予防するのは人間として当たり前のことだろう」「それ以外の選択肢なんて考えられない!」なんてことを聞いたら、傷ついたり、しらけたりする場合もあるでしょう。この問題はとても大きなテーマなので、本書の後半で、再度、きちんと考えてみたいと思います。もし、自分が「死にたい」と言われた時にどうすれば良いのかということにあまり興味の持てない人は、この部分は読み飛ばしても良いと思います。

とはいえ、自分にとって大事な人から「死にたい」「自殺するつもりだ」と言われたら、多くの人は自然と「どうすれば止められるだろうか？」と考えるでしょうし、そういうことについて知りたい人も多いと思います。

そこで、ここではまず、自殺を防ぐために何をどう考えればいいのかということについて説明をしていきたいと思います。

緊急事態の場合は、１１９番と１１０番

極々当たり前の話になって恐縮ですが、まず、すでに自殺企図をしている状態に遭遇したのであれば（例：自殺をしようと思って睡眠薬を過量服薬し、意識朦朧《もうろう》とした中で電話をかけてきた）、１１９番に電話をして速やかに救急車を呼ぶということになります。なんとも当たり前の話ですが、これが最も重要なことです。

では、まだ自殺企図をしていない状態であるが、今にも自殺企図をしそうだという場合はどうでしょうか（例：自殺の手段の準備が済んだ状態で「これから自殺する」という連

絡が来た)。もちろん、この場合はベストな対応が一義的に決まるわけではないのですが、もし自分一人ではどうにもできないがこの人の自殺を止めたいと思った場合は、110番をして警察に連絡をするのが良いと私は思います。警察法の第二条(警察の責務)には、「警察は、個人の生命、身体及び財産の保護に任じ、犯罪の予防、鎮圧及び捜査、被疑者の逮捕、交通の取締その他公共の安全と秩序の維持に当ることをもってその責務とする」と書かれています。一般に我々は警察は他殺や事故の問題を扱うと考えがちです。しかし、ここでの「個人の生命、身体及び財産の保護」には自殺の問題も含まれており、警察は自殺の危険が差し迫った状態にある市民の保護も行ってくれます。

警察に通報をする場合には、可能であれば通報の前に、自殺の危険に晒《さら》された人に警察を呼ぶことの許可を得た方がその後の関係性を考えれば良い場合が多いと思います。警察に対してはさまざまなイメージを持っている人がいるので勝手に通報をしない方が良いとは思いますが、とはいえ、それを拒否する人もいるでしょうし、拒否をされてでも呼んだ方が良いと判断している場合もあるとは思います。拒否をされてでも警察を呼ぶつもりであったとしても、「通報して保護してもらおうと思うけれども良いか?」と聞いてみると案外あっさりOKしてくれるという場合もあるので、そのようなやりとりを挟んだ方が良いと思います。

「死にたい」に自分で対応することを考えてみる

119番や110番をするほど差し迫った状況ではない場合、自分でなんとか対応してみようと考える人もいると思います。こういうことは専門家(例:精神科医)に任せた方がいいのではないかと考える人もいるかもしれませんが、私は、「死にたい」と言われたその人が頑張って対応をしようとすることは基本的にとても良いことだと思います。

もちろん、専門家に任せた方がいいとか、任せなければどうにもならない場合もあります。しかし、繰り返しになりますが、自殺というものは基本的にかなり稀《まれ》な現象であり、長い目で見ても「死にたい」と思った人の大半は自殺をしません。一方で、死にたいと思うことそのものはそれほど稀なことではないため、死にたいと思ったあらゆる人に専門家が対応することはそもそも現実的ではありません。専門家というのは「資源」

であり、資源には限りがあるからです。

また、すでに見たように、自殺を引き起こす最も大きな問題は孤独やつながりの欠如です。常識的に考えても、我々の人生の大半を支え豊かにしてくれるのは対人支援の専門職の人間ではなく、家族や友人といった周囲で共に生きる人々です。「死にたい」などという気持ちは人生における重大な秘密であり、仮にそれを周囲の人に打ち明けることがあるとすれば、誰でもいいから言ってみたということはほぼありえません。打ち明けた側は意を決して、その人だからこそ打ち明けたのであり、そこに特別なつながりを感じている可能性はかなり高いと思われます。だからこそ、可能であれば、死にたい気持ちを打ち明けられたその人が、何が最善か分からなかったとしても頑張って対応することが、周囲とのつながりの回復につながる可能性が一番高いですし、それが結果としては自殺を予防するということへの最短ルートになっている可能性も高いわけです。

危機介入のための戦略

それでは、実際に自分で自殺を防ぐことに挑戦してみようと思った場合に、どのようにすれば良いのでしょうか。その場合には、自殺がなぜ起こるのかについて分かっていること（前章の内容）から逆算して、要因となりうるものを一つずつ排除していけば良いということになります。ここでは、具体的に、すでに説明をした自殺の対人関係理論に沿って考えてみたいと思います。

自殺の対人関係理論とは、自殺潜在能力、所属感の減弱、負担感の知覚という三つの要因が重なった時に自殺の危険性が最大化すると考えるという理論でした。自殺を予防したいのだとすれば、これらの要因を一つずつ取り除き、三つが重ならないような状況を作れば良いということになります。

三つの要素を一つずつ取り除くと書きましたが、優先順位があります。三つの内、最も優先すべきなのはもちろん、自殺潜在能力への対応ということになります。死にたいか否かに関わらず死んでしまったら生き返らせることはできないので、とにかくこの部分を優先するように考えるのは自然なことです。

では、具体的にはどのようにすれば良いのでしょうか。人間は自分の力だけで死ぬことは基本的にできませんので、自殺をする際には何らかの手段を用意する必要があります。この手段を「物理的に」使えないようにすることによって（例：首を吊《つ》るために用意してあった縄をあずかる）致死的な自殺企図をできないようにするのが実施すべき第一の介入ということになります。

逆に言うと、これをやるために、「死にたい」と言われたら、「死ぬための手段は具体的に考えているのか？　それはどの程度までちゃんと用意しているのか？」ということを聞く必要があるということです。多くの人は人生において誰かにこんな質問をしたことがないはずですし、初めてこんな質問をする時にはためらいも生じるのではないかと思います。変に具体的な手段について聞いたりすると、背中を押してしまうのではないかと不安になるのも、それほど不思議なことではありません。

しかし、このような質問をすることがネガティブな影響を持つ可能性は低く、こうした心配は杞憂《きゆう》に終わります。というのも、「死にたい」と打ち明けた人間が最も恐れるのは、意を決して行った重大な自己開示が軽く扱われることだからです。「もう具体的な方法を考えているのか？」という質問は、「死にたい」という自己開示を重く受け止め、本気で死を考えているのだと理解したからこそ出てくる質問です。そのため、こうした質問が自殺のリスクを高めることにつながる可能性は低いというわけです。

対話の際に、やってはいけないこと

具体的な自殺企図の手段を物理的に撤去し、安全な環境を作ったら、次にやるべきことは所属感の減弱への対処となります。これは要するに、「死にたい」と打ち明けた人との関係性を密にし、対話を通じて心の絆《きずな》を作り、孤独を癒すということです。

心の絆を作るためにやってはならないことは割と単純です。すでに述べたことですが、話をそらして「死にたい」という気持ちに向き合わないことは、最も避けるべきことです。最も避けるべきことなのですが、最もやらかしてしまうポイントでもあります。というのは、「死にたい」という気持ちに向き合うということは、向き合う（向き合わされる）側にとってもとてもしんどくて恐いことであり、できれば避けたいものだからです。自分の対応によっては「死にたい」人が実際に死んでしまうかもしれないわけで、それはやはり我々にとってとても恐いことです。話題をそらしたくなるのは、ある意味で自然な反応です。しかし、打ち明けた側は、この人であればと思って打ち明けているわけ

ですから、これぞと見込んだ人に話をそらされてしまえば、相当がっくりくるはずです。また、当然のことながら、相手のことを批判して叱《しか》りつけたり（例：そんなことは口に出すもんじゃない！）、社会的・一般的な価値観を押し付けたり（例：親からもらった命や身体は大切にするもんだ）すれば、心の絆ができることはないでしょう。こうした点は、自殺への危機介入というだけではなく、人間関係一般と共通する点であり、特段おかしなことはないでしょう。

また、これは難しいところですが、励ましたり激励することも、避けておいた方が無難かもしれません。もちろん、励まされることによって元気になる人もいないことはありません。とはいえ、自殺への危機介入の場合、すでに大いに頑張った末に死にたくなっていることがほとんどであり、頑張れと励まされても、これ以上は無理だと思う人が多く、逆効果になってしまうことが多いものです。

助言をすることも同様で、問題状況を解決するための助言やアドバイスは空疎に響くことも多く、当初は避けておいた方が無難です。死にたい状況に追い込まれた人の置かれた環境は複雑で、簡単な解決策が見当たらない場合がほとんどであり、死にたいと言う前に本人なりに考えたさまざまな解決案がいろいろと試されているはずです。そのような状況下で、安易な解決策を助言したところで、ほとんどの場合、「もうそんなことはとっくにやったよ」となってしまい、信頼を失う可能性が高くなります（もちろん、これまでに思いついたことのないような魔法の解決策をアドバイスできる可能性もゼロではありませんが）。

どうやって話を聞けば良いのか

それでは、どのようにすればこのような「やってはいけないこと」を避けつつ、心の絆を作り、孤独感を癒すことができるでしょうか。最も重要なことは、その人の死にたい気持ちに向き合い、話をじっくりと聞くということです。そして、話の聞き方はおそらく、普段その人と接する感じで問題はないのだろうと思います。死や自殺について話をするからといって、何か特別なことをする必要はありません。

普段の関係性で良いと書きましたが、もし話を聞くのが苦手だという意識があれば、以下のようなことを軽く意識してみてください。相手の話を聞くときに大事なことは、何が起こっているのかという状況と、その時の本人の感情状態を理解し、こちらが理解したことを伝え返すことです。それが、話を真剣に聞いてもらえているという感覚を生み出し、心の絆を作っていきます。

対話の際に、感情面の話が多く状況についての説明が苦手な人には、状況についての質問をときどきはさみながら話を聞くと良いでしょう。状況の説明が多く感情面の説明が苦手な人には、「で、その時どう感じたの?」といった感じで感情面に焦点をあてた質問をはさみながら話を聞くと良いでしょう。うまい返しが思い浮かばない時には、相手の言ったことに対してオウム返しをするのも良いですし、相手の話が分からない時には、「〇〇の部分が分からなかったんだけど、△△ということ?」みたいな感じで確認とも質問ともとれるような言葉をはさんでいくと良いでしょう。また、言葉で理解したことを伝え返すだけではなく、表情や声のトーン、相槌《あいづち》など言葉以外のリアクションも大事です。

話を聞くと書きましたが、沈黙が続く場合にはそれを共有する(時空を共有する)だけでもOKです。死にたい状況に追い込まれた人は、いつでもその人の状態を饒舌《じょうぜつ》に話してくれるわけではありません。場合によっては、「死にたい」以外にほとんど何も口にしないという状況もあるかもしれません。そうした場合には無理に話をせず、沈黙を共有するだけでも絆を作る上ではプラスになります。また、ぽつりぽつりとでも話をしてくれるのであれば、やはり沈黙を大事にし、返答をするにしてもゆっくりと返答をし、相手の発話を大事にすることが求められます。沈黙が続くと場の雰囲気が悪く感じられ、そのことを恐れた話の聞き手がべらべらとしゃべったり、質問を連発したりすることがありますが、これは心の絆を作るという点で、上策ではありません。

自殺への危機介入の際には、このように共感的に相手の話を聞くことが大事だということはよく言われることです。実際にやったことのある人から良く出る質問に、「「死にたい」と言われたことについても共感しなければならないのか？　そんなことをして死に向けて背中を押すことにならないのか？」というものがあります。このように感じるときには、もしかすると、共感することと、肯定することを混同しているかもしれません。大事なことは相手の言ったことを全て肯定して受け入れることではありません。「死にたい」と言われて、それを肯定する必要はありません（ただし、それを否定する必要もありません）。重要なことは、「死にたい」と感じる背景にある状況を理解し、そのような状況であれば「死にたい」と思うことも無理はないということに対して共感し、気持ちを分かち合うことです。

「死にたい」には波がある

とはいえ、「死にたい」と言われる状況に対応していくのは専門職でも大変であり、そうでなければなおのことです。「死にたい」状況に追い込まれている人は、このようなつらく苦しい状況が今後変わることはないという絶望感に飲み込まれているわけですが、それに対応する方も、このまま自分の大事な人が自殺を考える状況が変わらないのではないかという絶望感に飲み込まれそうになることがあると思います。

そのような時には、こうした状況は短期的・中期的に見て変わり得るというデータを心の支えにしてください。「死にたい」という気持ちの高まりは寄せてはかえす波のようなものであり、高いときもあれば低いときもあります。そして、その人が置かれた状況そのものは大きく変わらずとも、気持ちの方はゆっくりと変わりゆくものです。

根拠となる事例をいくつか挙げたいと思います。

一つ目は、生活環境そのものが大きく変わらずとも、自殺の波が低くなる例を挙げたいと思います。サッカーワールドカップやオリンピックのような国際的なスポーツイベントが実施される期間は、自殺率が低くなるという現象が見られます（より顕著な例では、戦争が行われている間、自殺率はより低くなります）。こうしたイベントの自殺率低減効果はスポーツの好きな中高年男性で特に大きいようですが、これはおそらく、こうしたナショナリズムに訴えかけるイベントが人々を団結させ、孤独感を一時的に低減するからでしょう。

ワールドカップやオリンピックが開催されるからといって、当然のことながら、我々のような多くの一般市民に直接の生活の変化はありません（オリンピックやワールドカップに出場するわけでもありませんし）。しかしながら、我々の心はこうした一見些細《ささい》なイベントにも影響を受け、孤独感が高まったり低くなったりして、それは、マクロな視点で見ると自殺者数の増減というレベルにまで影響を及ぼします。

二つ目はウェルテル効果の存在です。これはすでに説明したように、芸能人や政治家などの有名人の自殺がメディアを介して報道されると、その後2週間程度の間、自殺率が高くなる現象のことです。この影響を最も強く受けるのは、自殺で亡くなった方と同じような属性を持つ方ということになります。たとえば、比較的若い女性の有名人が自殺で亡くなると、若年女性の自殺率が高まる、といった感じです。当然のことながら、有名人の自殺が起きたからといって、模倣や後追いで亡くなった方たちの生活環境そのものが変わったわけではありません。しかし、自殺の波は高まります。

「死にたい」には波があり、その人が置かれた状況そのものは大きく変わらずとも変化する類いのものなのだというのは、このような意味です。「死にたい」に対応する時には、そのことを常に心の内にとどめておきたいものです。

負担感の知覚に働きかけることはできるのか

ここまで、「死にたい」と打ち明けられた場合の対応をざっと見てきました。第一にやるべきことは、自殺の準備状況の確認であり、準備がなされている場合には、それを物理的に使えないようにするということでした。これが、自殺潜在能力への介入ということになります。第二にやるべきことは、所属感の減弱への介入であり、それは、関係性を強化することで所属感を作り、孤独な状態を解消するというものです。そのためには、絆/関係性を作るために話を聞くことが重要でした。

ここまで話をするのでもおおよそ1~2時間程度は経過しているでしょうし、実際には、この二つの段階がうまくいっていれば、多少なりとも落ち着いた状態になっており、最後の部分は蛇足かもしれません。とはいえ、より長期的な意味での自殺予防という点ではより重要になってくる点でもありますので説明を加えます。

危機介入の最終段階は、負担感の知覚への介入です。負担感の知覚とは、自分が周囲や親しい人の負担になっている、迷惑をかけている、自分が役立たずのお荷物になっている、そしてそんな自分が嫌いだという考えのことです。もう少し専門的な言葉で言うのであれば、自尊心が低くなっている状態にも近いかもしれません。孤独感のような感情に比べると、その人が通常持っているこうした考え方の傾向やクセのようなものを変えるのは難しいものであり、時間がかかります。そのため、負担感の知覚への介入について考慮するのは、一番最後になるというわけです。

では、どうすれば、自分が周囲に迷惑をかける役立たずのお荷物であるという考えを変えることができるでしょうか。対人支援はディベートではありませんので、相手を論理的に問い詰めて論破したところで、その人の考えが変わることは稀なことです。「あなたの考えの○○の部分はおかしい、間違っている、理由は△△である」などと言われたところで、「そうだな、よし、俺の考えは間違っているから今から変えよう」などと思うことはないでしょう。どちらかといえば、相手が論破しようとして言い立てた事柄に対してさまざまな考えを巡らせ、反論したくなるはずです。関係性も壊れ、考えの傾向が変わることもない。自殺予防という観点からすると、いいことは何もありません。

考えを変えていくためには、頭の中で論理的に考えることだけではなく、「ああそうだったんだ、自分の考えは違ったのかもしれない」という変化に対して感情的に納得できる体験が必要です。人間は通常、周囲の人と助け合いながら（そして、ある程度の迷惑をかけ合いながら）生きているものですから、その人の話を丁寧に聞いていけば、周りの負担になっているばかりではないその人を発見することもあるでしょう。身近な人であれば、そういう場面を具体的に知っているということもあるかもしれません。とはいえ、気持ちが落ち込んでいる時に「あなたにはこんな良いところがある」などと説得的に話をしても、やはり受け入れてはくれないかもしれません。それよりは、日々の関わりの中で、まさにその人が周囲の役に立つことをした際に、しっかりと指摘をし、意識をさせた上で、役に立つことをしてくれたことへの感謝を伝えていくといったことを積み重ねていって（例：「今やってくれた○○、本当にありがたかったよ」）、こうした考え方の傾向は少しずつ変わっていくかもしれません。

「だったら死ねばいいじゃん！」と言ってしまうのはなぜか

私は人の話を聞くのが苦手なのですが、別に専門的なトレーニングなど受けなくとも、他者の悩みや相談を聞くのが上手な人というのは確かにいます。こういう人は、一定の年齢になると友だちから日々さまざまな相談を受けているようで、その中で、友人から「死にたい」と言われることがそれなりにあるようです。そして、そのように、共感性が高く他者の悩みを聞くのが上手な人でも（というよりも、そういう人だからこそ）、友だちからの「死にたい」への対応に苦慮し、最終的にうまくいかなくなってしまうことがあります。

こういう人からよく聞く話は、以下のような展開をたどります。

最初は、友だちから相談を受け、その中で信頼関係ができ、信頼関係があるからこそ、「死にたい」という秘密を打ち明けてもらうことになります。話の聞き手側は、元来より共感性も高く、しっかりと他者の悩みが聞けるので、「死にたい」と言った側は、その時は落ち着きを取り戻し、死にたい気持ちも和らぎます。しかし、当然のことながら話を聞くだけで特にその人の置かれた状況が変わらないため、何かある度に不安定なその人は「死にたい」と口にし、連絡をとってきます。

「死にたい」と言われることが何度も続くと、聞き手側は徐々に疲れを感じます。人の話を丁寧に聞くことで疲れるのは当然のことですが、せっかくちゃんと聞いても、状況が何も変わらず、何かある度に「死にたい」と言われるからです。そして、最初は共感的に相談を聞いていた人もいつかは燃え尽きてしまい、「そんなに「死にたい、死にたい」って言うなら、もう死ねばいいじゃん。どうせ死ぬ勇気もないんでしょ。いつも死なないじゃん」と言ってしまい、関係が破綻にいたると……。

気をつけるべきポイントはいくつかあります。

第一に、「死にたい」に対応することはある程度頑張ればできても、対応し続けることは相当難しいということです。1回対応するだけでも非常に神経を使い疲れることですが、それが何度も何度も繰り返され、状況が好転しているように感じられないとしたら、それはどこかで対応している方が爆発してしまっても無理はありません。

対応をする側のメンタルヘルスの維持のためにも、「死にたい」に対応する場合にはチームが欲しいと言うことができます。一人で対応し続けるのには限界があるのです。通常、対人支援の専門家であっても、相談を受けるのは大変なことであるため、時間や場所を限定して相談者から話を聞きます(例：毎週月曜日の16時からの1時間、カウンセリングルームで)。しかし、家族や友だちであれば、そうはいきません。こうした相談がいつ始まり、いつ終わるのか、どこでどれだけ話をするのかを限定することは、日常の人間関係の中では難しいものです。一人ではいつでも対応できるとは限らないのですから、一人で話を聞き続けるのは諦め、できれば複数人で対応した方が良いということになります。

もちろん、信頼できる人がそう多くはないという場合もあり、チームがあって複数人で状況を見ながら話を聞くことができるのが理想であったとしても、そうはいかないことの方が多いかもしれません。しかし、いずれにせよ話を聞く側も支えられる必要があります。そうでなければ、「死にたい」に対応し続けることはできません。チームでの対応が難しければ、たとえば、対応する人が、対応の難しさについて専門家に相談をしたりする場があると良いと思います（例：「死にたい」と相談してくる友人の話を聞くのが大変な時があるということを、スクールカウンセラーに相談する）。

コップに入った水のたとえ話

第二に、危機介入をすることは重要ですが、それで済ますのではなく、死にたい気持ちが落ち着いている間に、少しでも問題を解決して状況を変える必要があるということです。

コップに入った水をイメージしてください。コップは、その人のストレス耐性の度合い、水は実際に感じているストレスのようなものだと考えます。コップの大きさは人それぞれで、水を入れられる量はさまざまです。つまり、同じ状況に置かれても、ものすごくつらいと感じる人から、ほとんど何も感じることがない人もいるというわけです。コップに入る水の量（受け止められるストレスの大きさ）には限度があり、コップから水があふれると死にたくなる、というイメージです。

コップから水がこぼれた際に、周囲にこぼれた水をきれいに拭く等の後始末をして、なんとかコップを元の状態に戻そうとするのが、危機介入です。しかし、危機介入をしたところで、コップの器が大きくなったわけでも、中に入っている水の量が大幅に減ったわけでもなければ、また少し水が注がれた際に、容易に水はこぼれてしまいます。コップから水がこぼれた時だけ対処をしていても、状況は変わりません。そのため、危機介入で少し落ち着いたら、水が注がれないように蛇口をしめたり（例：環境調整）、コップの中の水を少なくしたり（例：リラクゼーション）、コップの容量を大きくしたり（例：ストレス・コーピング技能を身につける）といった作業をする必要があります。

コップから水があふれてしまったらそれに対処する必要はありますが、あふれた水の処理だけをしていてもダメなことは明白です。しかしながら、我々は「死にたい」という訴えが強烈で、そこに目を奪われる分だけ、背景にある問題が見えなくなります。あふれた水に対処したら、その後に、コップから水があふれないように対処をしましょう。背景には、前章で見たようなさまざまな問題（自殺の危険因子）が横たわっているはずです。これらがどうすれば取り除けるのかは当然のことながらケースバイケースです。そして、繰り返しになりますが、一人でできないのであれば、援軍を呼ぶ必要があります。誰が適当な援軍なのかはこれまたケースバイケースですが、あまり期待をしすぎずに、さまざまな人をとりあえず1回あてにしてみて、あてにならない時はサッと乗り換える、くらいの感じがいいと思います。

不確実性に耐えながら関わり続ける

とはいえ、現実には、「死にたい」の背景に横たわるさまざまな問題に対処しようとしても、それらは複雑に絡み合っていて、短期的に問題を解決することは非常に難しく、時間を稼ぎ、時が解決してくれるのを待つしかないという場合もしばしばあります。

あまり積極的な格好いい作戦ではないなと感じるかもしれませんが、この作戦の有効性には根拠があります。というのも、すでに説明した通り、「死にたい」と考える人の大半は、結局のところ自殺という形で亡くなっていくわけではないからです。また、自殺企図は自殺死亡の数倍から20倍程度の頻度で発生していると言われますが（必ずしも全員が病院に搬送されたり受診するわけではないので、正確な集計は不可能です）、このことも、自殺を考える者が必ずしもいつでも自殺で亡くなっていくわけではなく、こうした衝動はそれなりの確率で過ぎ去っていくものだということを示しています。死にたい気持ちの強さは短期的に見ると波があり、大きなうねりとなって押し寄せることもあるもののの、それを何とか乗り切れば、小さな波となっていつしか消えていくことも多いということです。

そして、これまでにも見た通り、死にたいという衝動を乗り切るためのポイントは、他者との関係性です。自殺という観点から見ても、我々は文字通り、一人では生きていけないのです。自殺が起きるか否かを短期的に予測することはできませんし、「死にたい」と言っている人の自殺を１００％予防する方法もありません。完全なことは何もなく、自殺予防においては、不確実なことしかありません。自殺を予防しようと思うのであれば、このような不確実性に耐えるためにチームで助け合いながら、人との関わりを続けていくしかありません。

第3章

「死にたい」と思ったら

改めて、注意事項

　これまで、自殺はなぜ、どのようにして生じるのかを確認し（第1章）、「死にたい」と言われた時にどうすれば良いのか（第2章）という点について説明をしてきました。本章は、自分が今、「死にたい」という思いを抱えている方に向けて書いています。とはいえ、少なくとも本書を読んでいるので、今この瞬間にものすごく強い自殺念慮を抱えているというわけではないかもしれません。

　仮に、もし今、強い自殺念慮を抱えているような状態にあるとしたら、本書を閉じ、そこそこ（≠完璧に）信頼できる知り合いに連絡をとってみましょう。可能であれば、一緒に食事するのも良いかもしれません。そのような知り合いと連絡がつかないとか、そもそもそんなに信頼することができる人が身近にいないという場合もあるかもしれません。その場合には、前章にも書きましたが、まずは110番に電話をかけ、「死にたくて困っている。自分の行動をコントロールできない」と告げて、助けを求めてみるのはどうでしょうか。自宅の前にパトカーが来るのは避けたいという場合には、自ら交番に行って話をし、保護を求めるということも考えられます。もちろん、警察官にもいろいろな方がいらっしゃるわけですが、もし身近にそこそこ信頼できる人がいないという場合には、こういう方法もありです。日本の警察は、基本的にちゃんとしており、優しく話を聞いてくれます。

また、基本的には「死にたい」という思いを抱えている方に向けて書いてはいますが、自殺を予防することの方に興味がある方であっても、おそらくは使える内容になっていると思いますので、そちらの場合も、是非このままお読みください。

我々はなぜ「助けて」と言えないのだろう

ところで、身近なそこそこ信頼できる知り合いに連絡をとってみましょうと簡単に書きましたが、実際にはこれはとても難しく勇気のいることです。夏休み明け、9月の自殺予防週間、3月の自殺対策強化月間などでは、テレビやウェブ上のＣＭでも自殺予防のことが取り上げられ、「相談してください」というメッセージが流されます。見たことがあるという人も多いと思います。

わざわざＣＭで「相談してください」と流さなければならないということは、客観的に見れば困っているはずの状況であるにも関わらず、他者に相談することを躊躇《ちゅうちょ》したり、相談できなかったりする人がとても多いということです。

では我々は、なぜ、死にたいと思うほどに追い込まれたとしても、他者に相談することができないのでしょうか。

人間がこれまでにやったことがない新しい行動をするきっかけの多くは、他者がその行動をやっているところを見るということです。人間は、ある行動を他者がやっているのを見ると自然とまねしたくなりますし、もし、その行動をやってその後に良いことが起きているのを目撃したとすれば、なおさらそれをまねしたくなります。

たとえば、目の前に鉄棒があるだけではどのように遊んで良いか分からなかったとしても、他の子どもが逆上がりを始めたら、自分もとりあえずまねをしてみるかもしれません。しない場合もあるかもしれませんし、何も見なくともいきなり逆上がりをする子どももいないことはないかもしれませんが、たいていの場合は、他の子どもがやっているところを見てまねすることで初めて逆上がりという行動をするだろうと思います。そして、その目撃した子が逆上がりを成功させた後に、近くにいたその子の親や幼稚園の先生に「すごいね！」と褒められているところを見たとすれば、なおさらまねしたくなるものです。

相談という行動も同様です。しかし、たいていの相談行動は「こっそり」と舞台の裏で誰にも見せずに行われるため、我々は誰かが相談をしているところを見ることがなかなかできません。学校にはスクールカウンセラーという心の相談をすることができる専門家がいたと思いますが、多くの学校ではスクールカウンセラーは校舎の隅の目立たない部屋にたまにいて、他の人がカウンセラーに相談しているところを見ることはなかったと思います。あまりにこっそりしているため、もしかすると、そんな人がいることに気づいていない人もいるかもしれません。

相談行動は難しく、行われるとしても我々が目にすることはほとんどありません。そのため、困った状況に陥ったとしても、相談をするという行動を思いつきもしない場合が多くあります。もちろん、こうした相談行動が表で行われづらいことの背景には、第1章でも紹介したスティグマの存在があります。

また、自分がそもそも無価値な存在で、助けられるに値しないと思っているという傾向も相談ができないことの背景にあります。虐待やネグレクトが自殺の危険因子となるのは、周囲からの無関心や否定的な言葉（例：なんでこんなこともできないのかな？）を浴びせられたり、暴力を受けたり目撃することが、自分を大切な存在だと思えなくするからです。それは、関心を払われなかったり、心無い言葉を投げつけられてきた側の問題ではないのですが、された側の行動をその後も悪い意味で縛っていってしまいます。

メディアを介した匿名性の高い相談

身近な人に相談することが難しい、恥ずかしくて身近な人にこそ知られたくない、そもそもそんな知り合いはいない、という方はメディアを介した匿名性の高い相談機関に相談をしてみることをとりあえずはおすすめしておきたいと思います。

日本では、１９７０年代に有名な「いのちの電話」の活動が始まりました。これは電話で、匿名の状態で、ボランティアの相談員に死にたい気持ちを話すことのできるサービスです。いのちの電話は、ここ最近のデータを見ても、年間で50万件以上の電話相談を受けています。我々が日常的に目にすることはありませんが、それだけ、相談をする人が多いということです。ちなみに、いのちの電話という名称ではありますが、実際には50万件のうち、死にたい気持ちを抱えての相談というのは、全体の1割程度であり、ほとんどの電話は自殺とは必ずしも関係のないものです。つまり、ある意味で言えば、何でも相談を受けているということです。

歴史と伝統を持ついのちの電話を最初に挙げましたが、よりそいホットラインやこころの健康相談統一ダイヤル、チャイルドラインなどをはじめ、相談をすることが可能な窓口は他にも多数あります。たくさんありますので全てを紹介することはできませんが、困った時には、厚生労働省の自殺対策のホームページにある相談先一覧のページを見てみましょう。そこには、最新の利用できる窓口情報が掲載されているはずです。また、LINEなどを活用したいわゆるSNS相談なども最近では利用することが可能であり、電話が苦手だという人は、そうしたテキストベースで相談できる機関を活用しても良いかもしれません。

メディアを介した相談の問題点

こうした相談窓口については、ＣＭで情報が流れてきたり、学校で電話番号が書かれたカードが配られたりしていますので、使ってみようと考えたことがある人もいるかもしれません。こうしたメディアを介した匿名性の高い相談サービスについては、利用に際していくつか注意しておきたい点があります。

第一に、こうしたサービスは無料で使えることが多いものの（通話料、通信料などの負担は生じることが多いですが）、いつでも連絡がつくものではありません。無料であるが故に、相談をしたい人の数は非常に多く、相談を受け付ける回線や相談員の数を相談需要が容易に上回ってしまいます。情報が必ずしも十全に開示されているわけではありませんが、電話相談の場合、応答率（かかってきた電話に応答することができた割合）は数％から高くても４割程度だと推定されますので、数回連絡してつながればラッキーという状況です。こうした状況はいのちの電話だけの問題ではなく、どの窓口でもそれほど大きくは変わりません。ＳＮＳ相談なども同様で、必ずしも返信が得られる状況ではありません。また、相談窓口によっては、相談者への応答の公平性を考慮し、頻回の連絡がシステム上制限されているという場合もあるようです。

第二に、こうしたサービスにおいて話を聞いてくれる人が、どのような人なのかということについては事前に知っておく必要があります。こうした窓口の相談員がどのような人なのかは、窓口によってまちまちです。たとえば、いのちの電話であれば、基本的には一定の研修を受けたボランティアが担当しており、そうした人々は必ずしも対人支援の専門職（例：公認心理師、精神保健福祉士）というわけではありません。一方、窓口によっては、対人支援の専門職の人だけを雇用するようなタイプのものもあり、相談員の質はさまざまです。

第三に、これは第二の点とも関連することでもありますが、窓口によって相談に対して基本的にどのように対応するかという方針が統一されているわけではなく、さまざまな対応がありえます。そして、それは相談者が望むものと一致するわけではありません。たとえば、いのちの電話であれば、傾聴をすることそのものが活動の目的となっており、相談者の自殺念慮の背後にある具体的な問題を解決するといったことを目的として相談活動をしているわけではありません。そのため、たとえば、相談者が親からの虐待に悩んで「死にたい」と思うようになり、家庭に介入して欲しいと考えて勇気を振り絞って相談の電話をかけ、それがラッキーなことにつながったとしても、家庭への介入につながるような対応がなされるといったことにはならないわけです。仮にそのような対応をしてもらいたいのであれば、他のより適切な相談窓口に（例：児童相談所）相談をする必要があります。

相談窓口を使う準備をしておこう

このような相談のミスマッチを避けるためには、あらかじめ、誰が何をしてくれる可能性が高いのかということを知っておく必要があります。我々は通常、自分の目の調子が悪ければ眼科に行きますし、虫歯だと思えば歯医者に行きます。そうやって誰にどういう支援を求めるのかをある程度自分で勝手に選ぶようなシステムが日本の保健医療システムの基本になっているわけですが、こころの問題でも似たような部分はあります。単に寂しいので話を聞いて欲しいということであれば○○に電話をかければ良いが、□□に関する問題解決のためには△△に電話をかけないといけない、みたいな感じです。

相談先のミスマッチを防ぐために、インターネットを使っていろいろと調べることができます。たとえば、内閣官房の「あなたはひとりじゃない」というサイトは、抱える問題状況を中心としたいくつかの質問に答えることで、約１５０の社会保障制度や相談窓口の中から、その人の状況に合った制度を見つけることができるような仕組みになっています。自分がいざ困った状況になってみないと実感はわかないものですが、世の中には実にさまざまな問題に対応した社会保障制度があります。

インターネットで手軽に調べることができるとはいえ、こういうことをいざ死にたい気持ちが高まってからやろうとするのは難しいことです。死にたい気持ちになっているときには、ただでさえ心の視野が狭くなっており、他の人から見れば何らかの手段で解決可能に見えることでも、当人からはそれが見えなくなっているということが起こりやすいと言われています（心理的視野狭窄《きょうさく》と言います）。このような心理的視野狭窄状態に陥ってから、〇〇の窓口は誰が相談を受けてくれて、どのようなことをしてくれるのか、なんてことを改めていちいち調べてから相談先を検討するということは不可能です。

そのため、死にたい気持ちが高まる前に、いざ死にたくなった場合に自分がどういう行動をするかを決めておくのが大事だということになります。自分の気分が落ち込んだ時や死にたくなった時に何をすべきなのかというプランをあらかじめ決めておき、可能であれば信頼できる人とその計画を共有しておければベストです。

自分の身体をマストに縛る計画を立てよう

こうした対応は、古代ギリシャの詩人ホメロスの『オデュッセイア』の中に出てくる、セイレーンの誘惑に対するオデュッセウスの対応に似たようなものだと考えれば良いと思います。セイレーンは魅惑的な歌声で聞いたものを破滅に導くわけですが、オデュッセウスはセイレーンの住む海域を通過する際、部下の船員には耳栓をさせ、自分自身をあらかじめマストに縛り付けさせてから、その海域を通過したと言います。セイレーンの歌声を聞いたオデュッセウスは当然誘惑にかられて海に飛び込もうとし、自分を縛り付ける縄をとくよう部下に命じるわけですが、部下は事前にセイレーンの住む海域から離れるまでオデュッセウスを縛り付けた縄をとかないように言われていたため、事無きを得た、という話です。

死にたいという思いは短期的な問題解決をもたらすように見えるセイレーンの歌声です。この魅惑的な歌声に対しては、オデュッセウスのようにその声を聞く前に対策を立てておくことによってやり過ごすことが可能かもしれません。多くの場合、その海域を通り抜けてセイレーンの歌声はいずれ聞こえなくなるはずですので。そのため、いざ死にたい気持ちが出てきた時にどのように行動するのかを事前に決めておき、実際に死にたくなった時にそのプランを確認できるようにしておくことは非常に重要になります。

大事なことなので何度でも繰り返しますが、死にたい気持ちに圧倒されそうな時に最も重要なことは、誰かとつながり、自分を一人にしないことです。誰かと一緒にいることは、物理的にも心理的にも、自分の身体をマストに縛りつけておくことにつながります。自分の周りにどのような人がいて、いざというときに（完全ではなくても）「そここ」信頼できて助けてくれる可能性がある人は誰なのか、書き出しておくのはとても良いことです。こんな感じで（図3参照）視覚化しておくと、いざというときに誰に連絡をとるべきか考える際に、役立つと思います。

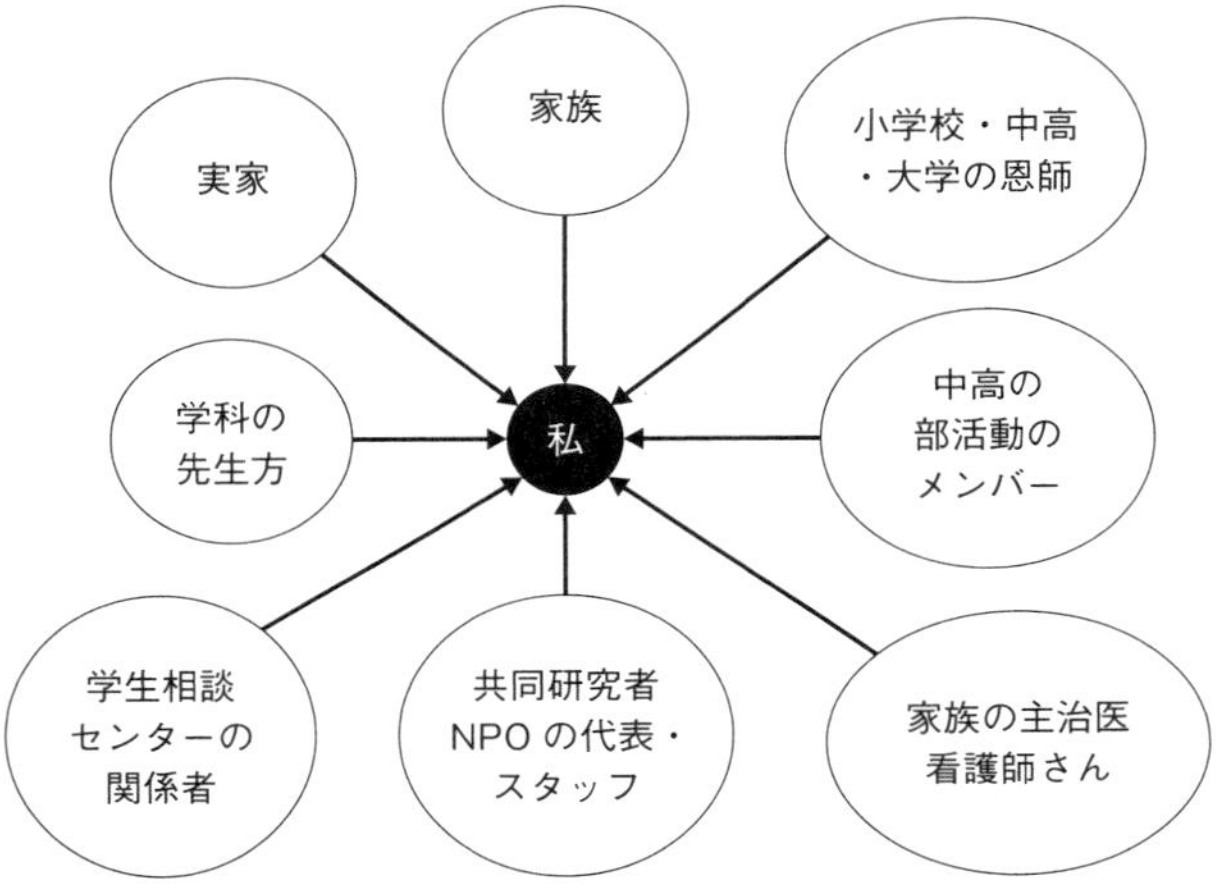

図３　自分を助けてくれる人の一覧（著者の場合の例）

助けてもらうための下準備をしておこう

こうしたリストを事前に作ったら、いざという時に相談をしやすいように、下準備をしておくことも大事です。では、どうすればいざという時に相談がしやすくなるでしょうか。

一つは、返報性の原理を利用するというやり方です。我々は何かを他人からもらうと、お返しをしたくなります。もらいっぱなしは気持ちが悪く、人からもらってばかりの人間はフリーライダーとしてコミュニティから村八分にあうリスクがあるからです。いざという時に相談をして、ちゃんと相手にしてもらえないのは寂しいものですし、そのような可能性を考えるとどうしても相談をする際に二の足を踏んでしまいます。

逆に言えば、あらかじめ小さな贈り物をしておけば、相手はチャンスがあればお返しをしたいという気持ちになっているはずなので、いざという時に助けてもらえる確率を上げることができます。助けてもらえる確率が高いと思えるのであれば、相談もしやすいというものです。

小さな贈り物はなんでも良いと思います。年賀状やお中元・お歳暮といった伝統的な行事は、小さな贈り物をあらかじめ送っておくことでいざという時に備える知恵なのだろうと思います。相手に小さな贈り物をすることができる機会は、カレンダーをよくよく見てみれば、けっこうあると思います（例：入学・卒業祝い、母の日、父の日、暑中見舞い、お中元、ハロウィン、クリスマス、お歳暮、年賀状、バレンタイン）。何の理由もなく大きな贈り物を送ると相手も気持ち悪がるかもしれませんので、ちょっとした行事や機会にかこつけて小さな何かをあらかじめ送っておけば、それがいざというときのあなたの力になるというわけです。

もちろん、小さな贈り物というのは「もの」でなくても大丈夫です。その人が望むことをちょっとやってあげたり、困っている時に話を聞いてあげたり、そういうことでもいいかもしれません。そのためには、小さな親切をタイミングよく送るために、相手をしっかりと見ておく必要があります（それこそが、結局はつながりを作っていくのだろうと思います）。

こうした機会は、特に男性にとって重要です。男性の自殺率が高いことの背景の一つとして、男性が相談をしないということがよく挙げられます。「男は強くあれ」「男が人前で泣くもんじゃない」といったマッチョなジェンダー観がその理由の一つになっているとは思いますが、こうした価値観のはらむ問題はコミュニケーションの習慣や技術によって補うことも可能です。自戒も込めてですが、多くの男性は、こうした「下準備」を日常的にちゃんとやっていないのではないかと思います（だから相談したい時に相談できなくなるわけです）。

偉そうにこんなことを書いている私がきちんとできているのかというと、もちろんそんなことはなく、日々勉強中です。妻（女性）の持つ人を頼るための細かな技術に驚かされることもしばしばです。私は以前、引越しをした際にちょっとしたトラブルがあり、その際に不動産仲介業の方（Aさんとします）に大変お世話になったということがありました。それ以来、お正月になると必ず、妻から「Aさんに年始の挨拶のメールちゃんと送った？ あの人は何かと頼りになるんだから、ちゃんと定期的に連絡しておいてね！」と念押しをされます。こういうことの積み重ねが、いざ問題を抱えてしまった際に役立つものです。

SNSでのつながりをどう考えるべきか

さまざまなSNSの機能を活用して、似たような悩みを抱える人とインターネットを介してつながることも、重要なストレス対処になるかもしれません。インターネット上では、リアルな場で見つけてつながることが難しいような問題に悩む人も可視化されており、自分と同じような悩みを持った人を探すことはそれほど難しいものではありません。もちろん、見ず知らずの人に変な絡み方をされて余計にしんどい思いをするリスクもありますが、ある程度注意をしながら使うことで、貴重なつながりを作ることが可能であることもまた確かです。

　こうしたつながりでは、当然ながら困っていることを相談することができますが、それだけではなく、相手の相談に乗ることもできます。実は、我々にとって、誰かの相談にのることは自分自身のメンタルヘルスのためにとても良いことです。これはヘルパーセラピー効果と呼ばれる現象ですが、他者を癒すことが自身の癒しにつながるという普遍的な現象で、死にたい気持ちを薄めることにもつながるはずです。というのは、自殺の対人関係理論に照らし合わせれば分かるように、自分自身が有用な存在であると思うことができるようになれば（負担感の知覚が弱くなれば）、死にたい気持ちは薄くなっていくからです。同じような悩みを抱えた人とのつながりを持つことは、対人支援の専門家から支援を受けるだけでは得られないような効果も得られる可能性があるというわけです。

　しかしながら、自殺に関する問題でのSNSの使用では、その他のメンタルヘルスに関する問題での使用以上に注意をする必要があります。インターネット上では、「死にたい」という思いを抱えた者同士が共鳴し合うことで行動がエスカレートし心中に至ってしまう事例や、「死にたい」と思う人に苦痛の少ない方法で殺してあげようという悪魔のような誘惑をして近づいてくる犯罪者もおり、そうした事件は断続的に発生し続けています。殺人をされるに至らないまでも、犯罪に巻き込まれることもあり、実際にリアルの場で会うとなれば、相当な注意が必要であることは間違いありません。

近年、最も大きく話題になった事件は、２０１７年10月31日に発覚した座間市での連続殺人事件です。この事件は、犯人の男性が９名もの被害者を短期間に殺害した事件としてメディアで大きく取り上げられました。犯人は、ＳＮＳのＴｗｉｔｔｅｒで「死にたい」といったことをつぶやく若い女性に対し、自殺幇助《ほうじょ》やネット心中を持ちかけることで接近し、実際に会うに至ると殺害していました。ここまで被害者の人数が多い事件は他にありませんが、類似の状況で起きた事件はこれだけではなく、Ｔｗｉｔｔｅｒだけで起きていることでもありません。インターネットを介して匿名でつながりを求める場合には、間違いなくこのようなリスクがあります。

ストレスへの対処方法のストックを探そう

ここまで、セイレーンの歌声（死にたい気持ち）にあらがうために自分の身体をマストに縛り付ける方法の具体例として、他の人とのつながりを作るという話をしてきましたが、自分自身の抱えるストレスへの対処の方法には、一人でできるものもあります。そういうものをたくさんストックしておくことも、いざというときに役に立ちます。

ストレスへの対処の方法は人によって実にさまざまです。おいしいものを食べに行ったり、お酒を飲むことがストレス解消になる人もいるでしょう。運動で身体を動かしたり、趣味に没頭したりすることが大事という人もいれば、逆に、何もしないでダラダラすることとか、普段以上に睡眠を取ることが大事という人もいるかもしれません。ストックを増やすためには、自分自身の生活を見直してみても良いと思いますし、あるいは、ネットでストレス対処の方法を検索してみても良いかもしれません。世の中には実にさまざまな対処法があります。ちなみに私の場合は、激辛料理を食べるのが一番のストレス対処方法です。蒙古《もうこ》タンメン中本のカップラーメンは我が家のキッチンに常備されています。

もちろん、それぞれに合った方法をストックしてもらえば良いのですが、いくつか注意しなければならないものもあります。それは、一人で比較的手軽に実行可能で短期的に見れば自殺のリスクを下げるかもしれないが、長期的に見ると自殺のリスクを上げてしまう対処法があるということです。ズバリ言うと、自傷行為、飲酒、薬物使用です。

自傷行為は多くの場合、ストレス対処方法

リストカットに代表される自傷行為がストレス対処方法と聞いてびっくりした人もいるかもしれませんが、自傷行為は多くの場合、ストレスへの対処行動として行われています。自傷をすると脳内麻薬の一種であるエンケファリンが分泌されるため、すっきりしたり、ホッとしたり、短期的に良い効果が得られます。多くの自傷行為は、死ぬために行われるわけではなく、ある意味で、ストレス対処をしてつらい現実を「生きる」ために一人でこっそりと行われているというわけです。これを読んでいる皆さんの中にも、こころあたりがある、という人もいるかもしれません。

自傷行為に対しては、「人の注意をひきたいのだろう」とか「かまって欲しいだけだ

ろう」といった言葉が向けられることがあります。もちろん、そういう意図がまったくないわけではないかもしれませんし、そういう意味でやっている人もいるにはいるでしょう。SNSなどで目にする自傷行為画像の提示や共有には、そういう意味もあるかもしれません。しかし、そのような自傷行為の提示を行う人は自傷行為をやっている人のごく一部であり、多くの人は、そういうものしか目にすることはありません。ほとんどの、陰でこっそり行われている自傷行為は多くの人の目に入りません。そのため、このような誤解が生じがちです。

自傷行為を経験する人はおおむね人口の1割程度の人で、女性の方が男性に比して経験する割合は高くなります。1割が経験することですから、そこまで稀有《けう》というほどではなく、クラスの中にも数人は経験している人がいるはずです。

自傷行為は、直後はすっきりしたり、ホッとしたり心理的に良い効果があります。だからこそ繰り返してしまうのですが、何度も繰り返していくと、徐々にその効果が薄れてしまいます。人間は何にでも慣れてしまう生き物ですが、傷をつけることにも慣れてしまい、最初は小さな傷をつければすっきりしていたのに、段々とそれが効かなくなります。傷つけられた身体で最初と同じくらいの良い心理的効果を得るためには、徐々に傷をより大きく、より深くしていかなければなりません。これは、つまるところ、自分の身体により大きなダメージを与えるための訓練をしてしまっているようなものです。自殺の対人関係理論に照らし合わせて考えると、これは、自殺潜在能力があがっていっている状態だということになります。

また、自傷を繰り返すと、対人関係の面でも困難が生じる場合があります。自傷行為を発見した友人や親は、最初は当然のことながら心配し、優しくしてくれます。しかし、そうした状況にもやはり人は慣れてしまうもので、多少優しく接したところで変わらず自傷行為を続けている人を見ると、「なんだ、またやっているのか」「どうせ死ぬつもりもないくせに、他人の気をひきたいだけだろう」なんて感じになってしまいます。また、自傷行為を繰り返すうちに、最初は手首のしわに沿って薄く切っていた傷が徐々に深くなり、自分でも切りたい衝動がコントロールできなくなって洋服で隠しきれないような傷をつけてしまうと、友人にも会いたくなくなるかもしれません。これは、孤独が深まっている状態です。

自傷行為は、短期的に見るとストレスを軽減するための方法として機能するものです。しかしながら、それが継続し依存的になると、自分を傷つけることに慣れさせ、孤独を深めさせる効果を持ちます。さながら、自殺のリスクを高める時限爆弾のようなものです。実際、自傷行為を経験した人のその後の自殺死亡率は、そうではない人よりもはるかに高くなっています。

飲酒、薬物使用をどう考えるべきか

飲酒や薬物使用も、自傷行為と同様、短期的には自らのネガティブな心理状況を改善するために機能するストレス対処方法となりますが、長期的に見ると自殺のリスクを増やす時限爆弾の側面を持っています。これも、自傷行為と似たようなメカニズムで理解することができます。

飲酒や薬物使用は、依存物質（飲酒の場合であれば、アルコール）が脳に直接作用し、短期的にはストレスを軽減します。お酒を飲んだことがある人は分かると思いますが、人によっては、酔った状態は、本来感じるはずの恐怖心を低減してしまいます。お酒を飲むと気が大きくなって、普段はしないようなことをしてしまった、なんて経験がある人もいるかもしれません。自殺企図は、通常、強烈な恐怖心を生むものであり、その恐怖心を乗り越えることができなければ、自らの身体に致死的なダメージを与えることはできません。飲酒や薬物の使用はこうした恐怖心を低減することがある、つまり、自殺潜在能力を高めてしまう危険があるということです。

一時的にはストレス軽減効果を発揮することのあるアルコールや薬物の摂取ですが、こうした物質に対しても身体は慣れてしまいますので、同じ程度の効果を得るために、徐々に物質の摂取量を増やしていく必要があります。アルコールであれば、飲む量が増えたり、強いお酒を飲まなければいけなくなったりして、依存状態が強まっていきます。そうなると、たとえば、仕事に支障をきたしたり、夫婦関係がうまくいかなくなったりといったことにつながるかもしれません。それは、所属感が減弱し、負担感を知覚することです。こうして、一時的にはストレス低減になる対処法だったものが、長期的に自殺のリスクを高めることにつながっていきます。

注意していただきたいのは、「だから自傷行為や飲酒はダメだ」「さっさとやめた方がいい」という話をしているわけではないということです。そもそも、わざわざ痛い思いをしてまでストレス対処を積極的にしたい人はいません。それしかないから、その方法で頑張っているのに、「将来のためにやめた方がいい」と言ったところで意味はありません。

こうした習慣は、基本的にはそれを今すぐ一切やめてしまうようにすることを目指すのではなく、自らの身体にとってより害の少ない（将来の自殺のリスクを高めないような）ストレス対処方法を少しずつ練習して身につけていき、ストレス対処法のレパートリーを増やしていくことを目指すと良いと思います。

死なないだけでそれでいいのか？

嫌なことがあった際に使えるストレス対処法をストックしようと言ってはいますが、では、我々の人生、死なないだけでつらいことは消えず、つらいことがあるたびに何らかの方法で対処をして、それだけでいいのかと言われれば、当然そんなことはないと感じるだろうと思います。死なないだけの人生に価値があると感じろというのは、それはそれでおかしな話です。できることであれば、幸せでハッピーに生きていきたいと思うのは人として当然のことです。

繰り返しになりますが、2～3割程度の人は人生のある時期において真剣に「死にたい」と思うようになります。しかしながら、実際に自殺で亡くなるのはその中の1割程度であり、全体の2%弱の人しか自殺で亡くなることはありません。「死にたい」と思うことがあったとしても、多くの人はそれなりに人生を生き抜いていきますし、致死的な自殺企図をしたものの幸運にも一命を取り留め、その後しばらくしてからは非常に幸せそうに生きていく人もいます。

「幸せってなんだろう?」「どうすれば幸せになれるのだろう?」という問いは太古から続く非常に重大な問いであり、長らく哲学的な議論が続けられてきました。この数十年で、幸せを数量化し、さまざまな形で統計的な分析を加える研究が主に心理学や経済学の領域で進んできましたが、そうした研究の結果分かったことを簡単にまとめると、要するに、幸せに生きることとは、自殺をしたくなることの裏返しだということです。

政情が不安定になり、経済的にやっていけなくなり、健康が害され、自分はお荷物で迷惑をかけるだけの役立たずだと思うようになり、他者と切り離されて孤独に陥ると、我々は死にたくなります。反対に、世界が安定し、仕事ができて一定の収入があり、心身が健康で、自分が役に立つ有能な存在だと思うことができ、他者とつながることができて孤立化せずにいれば、我々は幸せでハッピーです。非常に単純ですが、「幸せで幸せで仕方がなく、だからもう死にたい」という人はいないものです。結局は、幸せでない状態こそが、死にたくなるような状態なわけです。

それでは、我々はどうすれば幸せに、ハッピーに生きていくことができるのでしょうか。

前述の幸福や自殺に影響を与える要因の中には、短期的に個人がどうこうできるものと、そうではないものが混在しており、その点については分けて考える必要があります。政情が安定するように考え、きちんと考えて選挙に行くことも長期的に見れば我々の幸福な人生に寄与しますが、短期的に見ると、ほとんど意味がないように感じると思います（自分が投票した候補者が落選すればなおさらでしょう）。また、収入の確保のために仕事を見つけようにも、これも自分の力だけではどうにもならないという場合もあると思います。こうした点を改善するために社会に働きかけることは諦めるべきではありませんが、短期的に見れば自分の力ややる気だけではどうにもならない側面もあります。

個人で確実にできることとしては、心身の健康のために軽いスポーツや運動の習慣をつけきちんと睡眠をとること、そして、対人関係を充実させ、孤立しないようにすることが重要だということは間違いありません。

そして、対人関係を充実させ、我々を幸せにしてくれる簡単な習慣としては、他者に感謝をし、その感謝を伝えること、親切にすることなどが挙げられます。なんとも保守的な話ではありますが。

おそらくはいつどれくらい感謝をするのか、誰にどのように親切にするのかということはそれほど重要ではないだろうと思います。重要なことはこうした行動をきちんと習慣化して忘れずにやっているかどうかをチェックすることです。人間は自分のことが分かっているようで分かっていませんし、コントロールしているつもりで、コントロールできていないからです。そのため、こうした行動はやったかやっていないかをきちんと書き出して、記録をつけておくことが推奨されています。記録のつけ方には、それほど大きな意味はないでしょう。自分が続けられるような形でＯＫです。

私の場合は、毎月妻にその月に何をしてもらったのか、そのことについてどう感じたのかということを書いて、メールで送って感謝を伝えています。私自身は、幸福に関する心理学的研究を読むうちに自分でもやってみるかなと思いたってこうした行動を始めたのですが、それをやり始めると、しばらくしてから、妻からも同様に私への感謝状が毎月届くようになりました。やはり、人間関係の基本は小さな親切と感謝という相互贈与の積み重ねです。幸せで死にたくならない生活環境は、こうした小さな習慣から作っていくこともできると思われます。

幸せになるための生活習慣の作り方

では、自傷行為や飲酒のような可能であれば減らしたい行動を減らしたり、運動習慣のような増やしたい行動を増やして習慣化するためには、具体的にどうすれば良いのでしょうか。

先ほども書きましたが、我々は自分のことが分かっているようで分かっておらず、自分が感じていることややっていることを客観的に把握することが苦手です。数日前の自分の行動すらきちんと覚えている人は稀《まれ》です（8日前の夕飯に何を食べたか、思い出せるでしょうか？）。思い出せたと思っていても、それが合っている保証はありません。我々の記憶はデジタルな記憶媒体ではありませんし、どんどん変質していってしまうものだからです。

そのため、まずは、自分のことを知る必要があります。いつ、どのような時に、つらい気持ちになるのか。自傷のような行動も含めて、その時にどんなふうに対処したのか、あるいはしなかったのか。結果として、どのようになったのか。そういうことをきちんと書いて記録として残します。継続することが重要ですので、自分にとって最もやりやすくコストが低い方法が良いと思います。自分流のやり方が不安であれば、「行動記録表」や「思考記録表」といったワードでウェブ検索をしてみてください。ここで書いていることはおおむね認知・行動療法という心理療法の一種をベースにしているので、その具体的なやり方、記録の書き方も出てくると思います。

記録がある程度たまってきたら、その記録を見返し、自分の行動パターンを見つけていきます（例：一人で自室にいてぼんやりと過去のことを思い出している時にはつらくなって自傷行為をしてしまうが、同じようなことを思い出しても、彼氏と電話するとそうならない）。自分がどのような時に減らした方が良い行動をやってしまうのか、それをやらずに済む時はどのような時なのか、逆に、増やした方がいい行動ができているのはどのような時なのか、ということが見えてくると思います。

生活習慣の形成に重要なことは、有能性・関係性・自律性の三つです。有能性とは、特定の行動をやる方法が分かり、実際にやれると思えることです。関係性とは、特定の行動をやることを通じて対人関係上の満足が得られるということです。自律性とは、他人から強制されてやっているわけではないということです（やれと言われるとやりたくなくなるのは人間の性《さが》です）。

一人でやっていると、記録を書かなくても誰も注意をしてくれませんし、記録を見返していても、自分のパターンや癖が見えてこないこともあるかもしれません。一人でやれば自律性が脅かされることはありませんが、何よりも、対人関係上の満足は得られません。そのため、こうした取り組みは一人ではなく、誰かと一緒にやると良いと思います。もちろん、カウンセラーのような専門的な対人援助職と一緒にやっても良いですし、身近に一緒にやってくれそうな人がいれば、その人でも良いでしょう。SNSでこうした取り組みをしていることを公開して、記録を書いていっても良いかもしれません。

ネガティブな感情にはどういう意味があるのだろう？

「死にたい」「消えたい」といった思いは非常に不快なものです。他にも、憂うつだとか、不安だとか、嫌だとか、怒りだとか、我々にはあまり経験したくはない感情がたくさん湧いてきます。それでは、我々は単にハッピーになってこうした一見ネガティブな感情はなくなってしまった方が良いのでしょうか。

そもそもなぜ、こうしたあまり経験したくはない感情が湧いてくるような機能が人間には生まれつき備わっているのでしょうか。それは、我々が生きていくにあたって、こうした一見ネガティブに感じる感情が実はとても役に立っているからです。我々は身体に傷がつけば痛いと感じ、痛みを除去するために傷に手当てをします。痛みは不快なものですが、痛みを感じることができなければ、出血に気づかずに大量に失血したり、手当てもろくにされず、傷口に細菌が入り込んで化膿《かのう》してしまうかもしれません。身体が痛みを感じることによって、早急に手当てが実現され、それによって、より大きな問題が起こらないわけです。

自殺を考えさせるような心の痛みも、ネガティブな感情も同様の大事な機能を持っています。不安感は不快ですが、不安を感じない人間がいたらその人はこの世界を適応的に生きていくことができるでしょうか。試験前に不安を感じるからこそ、我々は必死に試験勉強をします。汚いものに嫌悪感を感じるからこそ清潔にしようとします。社会における不正に怒りを感じるからこそ、世界を変えようと立ち上がります。憂うつな気持ちを感じて何もやる気がしないからこそ心身を休めることができ、避けがたい悲劇や喪失から立ち直るための充電をすることができます。ネガティブな感情は、我々が生きていく上で必要なものであり、重要な人生のパートナーです。

もちろん、喜び、うれしい、楽しいといったポジティブな感情も大事なものです。ポジティブな感情は我々の視野を広げ、創造性を高めて新しいことへの挑戦を促します。死にたくなると視野が狭まるのとは逆のことが起きるわけですが、死にたくなって視野が狭まるのは、それだけ今抱えている問題が重要で、早急に解決しなければならないというサインにもなっているというわけです。

「死にたい」「消えたい」とだけ思い続けて一生を生きていくのはつらすぎます。ネガティブな感情が人生に多すぎれば、そうした感情に圧倒されてしまうと思います。しかし、ある時期に「死にたい」「消えたい」「とても憂うつだ」と感じることは、あなたの人生を豊かにするために役立つサインとなるかもしれません。

そして、そのための鍵は身近な他者との関係性と、自分が置かれた状況を把握するための理性が握っています。陳腐な物言いになりますが、さまざまな研究が繰り返し明らかにしているように、人は一人では（幸せに）生きていけません。また、自分の内に生じるネガティブな感情という不快なパートナーと共に人生を歩んでいくためには、ネガティブな感情のポジティブな機能を理解し、自分に生じたネガティブな感情の機能を見つめ、客観的に状況を理解して改善していくための理性を鍛える必要があります。もし、これを読んだ今、「そんなことできっこない」と悲観的な気持ちになったとすれば、その感情の機能を考え、自分に何が必要かを見つめてみると良いかもしれません。

そして、それが一人では難しそうな時には、是非、本書を読んで悲観的な気持ちになったことを、誰かと共有してください。一人で考え込んではダメです。「幸せについて、こんなつまらない、当たり前のことを偉そうに書いてる本があったんだけど、どう思う？」と本書の悪口を言いながら話をすれば、きっと盛り上がるはずです。その代わり、本書の悪口はネット上の書評には書かないでください（笑）。

第4章

自殺は悪いことか

自殺は予防すべき？

ここまで本書の中では、基本的に自殺を防ぐことを念頭に話を進めてきました。第2章では「死にたい」と言われた時にどうすべきかについて説明をしましたが、自殺を予防するためにどうすれば良いのかという話をしたのであって、自殺を後押しするためにどのように対話をすれば良いのかという話をしたわけではありません。第3章では「死にたい」と思った時にどうしたら良いのかという話をしましたが、こちらも当然のことながら、死にたい気持ちを減らしていくためにどうすれば良いのかという話をしました。

とはいえ、すでに述べたように、自殺を防ぐことは必ずしも自明の「正義」というわけではありません。私は大学でも半期1コマ（90分×15回）自殺のことしかしゃべらない授業をやっていたりしますが、こうした授業の中で学生から最もよく出る質問は、「自殺って予防しなければいけないようなものなのでしょうか？」「自殺ってそもそも悪いことなんですか？」というものです。直接大勢の前で口に出さなかったとしても、こうした疑問が浮かんでくるのは、ある意味で当然のことでもあります。

それでは、自殺はそもそも、予防すべき悪いものなのでしょうか？

自殺対策基本法

皆さんは自殺対策基本法という法律を知っているでしょうか。自殺対策基本法とは2006年に公布・施行された法律で、自殺対策を推進することを通して国民が健康で生きがいを持って暮らせる社会を実現することを立法の目的としています。法律の全文は、もちろんインターネットで閲覧することができます。

この法律は、国及び地方公共団体が自殺対策を策定・実施する責務を有することを定めていますので（第三条）、国や地方自治体は自殺を予防しなければなりません。国や地方自治体にとって国民や住民の自殺は予防すべきものだということです。ちなみに、第五条（国民の責務）には、以下のように定められています。

第五条　国民は、生きることの包括的な支援としての自殺対策の重要性に関する理解と関心を深めるよう努めるものとする。

つまり、現代の日本に生きる皆さんには「生きることの包括的な支援としての」自殺対策の重要性に関する理解と関心を深めるための努力義務があるということです。本書を読んでいる時点で、皆さんはこの務めを十分に果たしていると言うことができると思いますが、我々は自殺対策は重要なことだと考え、理解を示すように努めなければならないというわけです。これは、日本国民に課せられた法的な義務です。

自殺への態度は地域や時代によって大きく異なる

とはいえ、所詮法律は人の作りしものであり、神が作ったものでも自然の摂理でもありません。人の作りしものは当然のことながら、地域や時代によって大きく異なります。現代の先進国では自殺は予防されるべきものという風潮も強く、自殺を予防するための国家戦略を有する国も多数あります。しかしながら、これは歴史的に見てもごく最近現れた考え方であり、時間的・地域的普遍性はありません。

どれくらい最近の話かというと、長い人類の歴史の中でもせいぜいこの半世紀くらいの歴史です。日本における自殺対策基本法の制定は2006年ですが、国家的な規模で自殺予防をしようという動きが出てきたのは、フィンランドのような早い国でもせいぜい1980年代からです。

予防するべきものとなる前の自殺がどのような扱いを受けていたのかというと、自殺は罪深い行為であり、犯罪と同じように扱われていました。19世紀初頭頃まで多くの国には自殺や自殺企図に対する罰則を定めた法律が存在していましたし、イスラム教の影響が強い地域では、今でも存在している場合もあります。そんな「野蛮」なことをしていたのは遅れていた国なのではないかといったことを思う人もいるかもしれませんが、そうではありません。たとえば、自殺に対する法的な罰則が完全になくなったのが最も遅い先進国であるイギリスでは、なんと1961年まで自殺に対する法的な罰則が存在していました。1961年というのは、当然のことながら第二次世界大戦の後ですし、日本で言えば高度経済成長の頃です。

すでに自殺で亡くなっている人間にどのように罰則を与えるのかと疑問に思う人も多いと思います。キリスト教圏では、自殺者の教会への埋葬を許可しなかったり、葬儀の際の儀式に制限をかけたり、自殺者の財産を没収したりといったことが伝統的に行われてきました。もう少し時代をさかのぼると、自殺者の遺体を市中引き回しにしたり、串刺しにしたり、木の杭《くい》で心臓を打ちぬいたり、といった物理的に棄損する形式で罰を与えていた場合もあるようです。まさに、自殺で亡くなった者の死体に鞭《むち》を打っていたわけです。また、自殺で亡くなった者だけではなく、自殺未遂者に対しても懲役刑を与えていました。日本でも江戸時代に近松門左衛門の「曽根崎心中」の影響で恋愛心中が増加した際には、心中禁止令が出され、自殺未遂者や既遂者の遺体への処罰が行われました。

こうした自殺への態度が時間的に普遍的なものであるかというと、それはそれで間違っています。キリスト教の歴史をさらにさかのぼってみると、ローマ帝国内で迫害の対象となっていた初期の（マイノリティのための宗教であった頃の）キリスト教は、自殺を罪と考え罰を与えるようなことはしていませんでした。キリスト教が自殺を罪としたのはローマ帝国内でキリスト教が国教化されて以降のことであり、その後、各公会議において段階的に自殺関連行動への宗教的罰則の強化が確認されていきました。

時代や地域によって自殺に対する考え方はさまざまに変化をしています。このような歴史を知れば、１０００年後の日本において、自殺対策基本法の精神が維持され、自殺は予防の対象であると考えられている保証はまったくない、と考えることはそれほどおかしなことではないと思われます。

「常識」の違いに思いをはせてみよう

厳密にはいろいろな態度がありますが、西欧世界の中での自殺への主要な態度は、自殺は罪深きものであり、禁止されるべきというものでした。もちろん、一概に禁止と言うだけではなく、自殺の直前の心理状態を特例的なものと見なして、罰を与えることを避けるような工夫もなされてはいたのですが、基本的に禁止すべきものという風潮であったことは間違いありません。

そして、禁止と言うからにはそれなりの理由が説明されており、主要なものとしては、神への冒瀆《ぼうとく》である、共同体を棄損する、自然な状態に反するといったものがあります。これだけだとちょっと分かりづらいので、軽く説明をしておきます。

一点目の「神への冒瀆になる」という点ですが、これは、人間は神の作ったものであり、それ故に人間の所有権は神が有するので、人間が勝手に自分の命を処分するのは神の所有権の侵害になるという考え方です。こうした人間に対する神の所有権という考え方は、現代日本人の宗教観からはやや理解しづらいものですが、自殺の問題だけではなく、安楽死・中絶・死刑といった問題を考える上でも重要な観点になります。

二点目の「共同体の棄損」という点はもう少し理解しやすいと思います。端的に言えば、個人の所有権はその個人にあるのではなく共同体にあるため、人間が勝手に自分の命を処分するのは共同体の所有権の侵害になるという考え方です。「世間」に迷惑をかけることを恐れる日本人的な感性からは、それほど理解が難しいものではないかもしれません。また、自殺をする覚悟を持つことが罪や不正を犯すことを助長し、それが共同体に対する脅威になるという考え方も、共同体を棄損するという考え方の変化球と言うことができます。

三点目の「自然な状態に反する」の場合、その時代や地域にとって、何を自然な状態と考えるかによっていろいろな違いがありますので、いろいろなバージョンがあります。たとえば、18世紀のドイツの哲学者であるイマヌエル・カントは、人間は本来的に所有するものであり所有されるものではないため（所有をすることが人間にとっての自然な状態であるため）、身体や生命を所有物のように扱って勝手に処分してはならない、といった立論をし、自殺の禁止を正当化しようとしました。

神への冒瀆や神の所有権の侵害といった考え方はいわゆる一神教（キリスト教・ユダヤ教・イスラム教）の影響が強い地域以外ではやや理解が難しく普遍性に乏しい部分もありますが、共同体の棄損や、自然な状態への違反という立論の仕方そのものは、かなり普遍的に見られる傾向です。しかしながら、何が共同体の存続の脅威になるのか、何が自然な状態なのか、という点については、時代や地域によってさまざまに変わり得ます。

たとえば、現代日本の高齢化率（65歳以上人口の割合）は3割に届こうとしています。町中の3人に1人が高齢者という状態は、我々にとっては当たり前のことですが、歴史的に見るとこれは異常なことです。人類の平均寿命がこれほど延びたのはつい最近です。江戸時代でも平均寿命はせいぜい30～40歳程度であったと推定されており、それより前になれば、なおのこと短くなります。たとえば、繁栄した古代ギリシャの賢人であるソクラテス、プラトン、アリストテレスの時代の平均寿命もせいぜいそんな程度であったはずです。キリスト教の自殺に対する態度を変えた中心的著作『神の国』の作者である神学者アウグスティヌスは4～5世紀、カントでも18世紀（江戸時代）の人です。

そうした歴史的偉人・賢人が自殺や生命のことを論じていた時代の自殺と、現代の自殺とでは、個人にとっての意味合いも、共同体にとっての意味合いも、まったく異なるはずです。プラトンの『パイドン』やアリストテレスの『ニコマコス倫理学』の中でも、前述のような自殺禁止の話が出てきます。自殺を禁止するといった話がわざわざ出てくるのは、自殺がそれなりの頻度で発生していたからですが、そこで起きていた自殺の多くは現代とは違い、せいぜい20～30歳の人の自殺ということになるはずです。一方で、現代日本における自殺者の2／3は40歳以上であり、我々が接したり目にしたりする可能性がある「自殺」とはある意味で質が異なります。

自殺を禁じる論理は共同体の継続や自然性の理解にあります。しかし、これだけ大きく人口構造が変わっている現代において、何が自然なことで、何が共同体を棄損するのかということは、おそらく過去の社会と変わっているでしょう。過去の偉人の言葉を咀《そ》嚼《しゃく》しようとする時、我々は、その人が生きた時代の常識と、我々の生きる現代との違いについても同時に理解し、その上で過去の言葉を吸収する必要があります。アリストテレスやプラトンも、さすがに人口の3割が65歳以上になる日を想像しながら、自身の言葉を紡いではいなかったでしょうから。

死ぬことはそもそも悪いことなのか？

それでは、まずはゼロベースで、いろいろな常識をとっぱらって考えてみましょう。そもそも、死ぬことは悪いことなのでしょうか。自殺は死の一種ですから、もし死そのものに一切悪い成分が含まれていないのであれば、それを禁止したり、予防したりする必要はないはずです。そうなれば必然的に、死の一種である自殺を予防すべきなんて話にはなりません。それでは、死はそもそも悪いものでしょうか。あるいは、悪くはないものでしょうか。皆さんがそう考える時、その理由はどのようなものでしょうか。

不死のみが実現し、不老が実現しない社会を望む人がいると考えるのはさすがに無理があるので、当然のことながら不死について考える際に不老や健康状態の維持はセットです。また、何らかの事情によって不老不死が実現した社会においては、人類が増えすぎて生きるために必要な天然資源や食料などが相当量必要になり、資源をめぐる戦争が増加するかもしれません。こうしたエネルギーや食料に関する問題については、仮に、技術的に解決可能だったとしましょう。そういう世界で、我々は不老不死になりたいでしょうか。

これまで多くの人が不老不死を夢見てきました。さまざまな国の神話の中に不老不死の神様は出てきますし、不老不死になれるアイテムをめぐる争いのようなものも描かれます。こうした神話は我々が人生の短さを嘆いていることの裏返しですし、秦《しん》の始皇帝のように、実際に不老不死になれるアイテムを強大な権力を使って探し求めた人もいます。死は、我々が死ななければ得られたであろう良きことを喪失させるが故に、悪いと言える要素を含んでいます。だからこそ、これだけ多くの人が不老不死に憧れてきたわけです。

一方、不老不死の問題を考えるために、不老不死が実現した社会において何が起きるかということを想像した文学作品は少なくありません。この手の作品は不老不死を肯定的にとらえないわけですが、作品の中で挙げられる不老不死になることによる苦痛としては、退屈、対人関係をめぐる変化、そして自分の人生に意味を与えることの難しさといったものが多いように思います。

退屈は最も大きな苦痛として、昔から繰り返し言及されてきました。確かに、我々はやってみたいことがたくさんあります。想像するだけでも、いろいろと挙げることができます。しかし、不老不死の場合、時間は永遠です。残された時間は100年や1000年ではなく無限です。100年の人生を100回繰り返しても、せいぜい1万年にしかなりません。永遠ははるかかなたです。どう考えても、やりたいことは早晩尽きてしまいます。やりたいことがあらかた終わったら、社会の変化を眺めるのもそれなりに面白いかもしれません。ただ、そのパターンはもう見飽きたな、人間なんてこんなもんだな、ということにもなりそうです。

また、不老不死が実現した社会では大きく対人関係のあり方が変わるはずです。自分だけの不老不死が実現したとしても、周囲の人はどんどん老いて死んでいくので、それはそれでとてもしんどいことです。仲良くなった人は必ず先に死んでいくわけで、無限に新しい友人をつくり直さないといけません。仮に自分以外も不老不死になったとしても、人間は生きている時間が長くなるほどにオリジナリティの高い存在になってしまいます。友人ができるのは対等や類似の環境を有するからであり、そうしたものが不老不死によって無くなると、対人資源は乏しくなることが予想されます。それは幸福とは真逆の方向性です。

最後に、不老不死になると自分の人生に意味を与えることも難しくなるかもしれません。健康な人生が無限に続くのであれば、ある時点で多大な努力をして何らかの達成をしたみたいなことに意味を感じることはできなくなるはずです。何せ、人生は無限に続くので、今それが誰かの身に起きていなかったとしても、それはたまたま今起きていないだけで、いずれ起きるかもしれないと考えることができるからです（例：今はサッカー日本代表に選ばれなくても、3万年後には選ばれるかもと思えば、努力の意味付けが難しくなる）。あるいは、自分に固有の経験のようなものも感じることができなくなるはずです。理由は同様です。そんな世界の中で、自分の経験に何がしかの意味を与えることは限りなく難しくなるでしょうし、そういう人生が果たして幸福と言えるのか、かなり疑問です。

少なくとも私には、それでも幸せのはずだと言えるほどの自信はありません。やはり、人間は、老いて死ぬからこそ、美しいのかもしれません。

生物はなぜ死ぬのか

常識というものは人が普通に生きていく上では思考を拡散させすぎないために役立ちますが、考えの幅を狭めるというデメリットもあります。死について考える際には、やはり、少し常識を外して考えてみる必要もあります。

というのも、我々は加齢とともに老化をし、個体の死亡率が上昇することは当たり前のことだと思っていますが（我々ヒト一般がそういうものなので）、さまざまな生物を観察してみると、必ずしも生き物全般がそういうものだとは言えないからです。世の中には加齢とともに死亡率がほとんど上昇しなかったり（逆に下降したり）、ほとんど老化をしない生き物もそれなりの数存在します。逆に言えば、老化をすることやその結果として死亡することは、ヒトを含む多くの生物が進化の果てに獲得した一種の形質だということです。進化の果てに多くの生物が老化し、死に至るようになったのは、その方が変化する環境の中でより多くの個体が適応し、生存と繁殖をすることができるというメリットがあったからです。

地球に生命が誕生した38億年ほど前、生物は単細胞でした。単細胞生物は分裂して増殖して、事故や環境の変化で死ぬことはあれど、老いて死んでいくことはありませんでした。単細胞の生物にとって環境の変化に適応するための手段は突然変異以外ありませんでしたが、これはいつ起こるか分かりません。そのため、効率良く多様性を確保して環境に適応し遺伝子を増殖させていくためには、より良い方法が必要でした。

そうした状況の中、次第に、単純に自分自身をコピーをするのではなく、有性生殖による遺伝子交換と個体のスクラップ&ビルドを繰り返す方法をとる生き物が現れ（例：鮭《さけ》は産卵をするとまもなく死亡する）、それが多様性を確保して環境に適応するとても良い手段だったため、広まっていきました。もしかすると、有性生殖による遺伝子交換のみを採用し、個体のスクラップ&ビルドをせずに、親と子が適応上の競争をした生き物も過去にはいたかもしれませんが、現状ではそのような生き物はいないようです（そのようなあり方は、遺伝子の増殖という意味であまり効率的ではなかったということでしょう）。

つまり、死は生物の進化の過程で獲得された多様性の確保と環境適応のための優れた手段であるわけです。

自殺のような行動のメリット

死は生物の適応（生存と繁殖）の過程で進化をして獲得されたものであり、動物の「自殺」のような行動にもそうしたメリットは影響を与えています。

ある種のカマキリ、クモ、タコのオスは交尾が終わると、交尾器をメスに挿入したままメスの顎の前に我が身を差し出し、メスはそれを摂食するということが起こります。オスは当然そのまま絶命するわけですが、これをもしヒトが行ったとすれば、どうでしょうか。想像を絶する世界ですが、我々の通常の理解では、その死は自殺と分類されてもおかしくはないでしょう。

この行動は、オスから見れば、メスが自分を食べることに夢中になることで他のオスとの交尾が発生せずに自分の遺伝子を残せる確率が高まるというメリットがあります。

一方、メスからすれば、オスから得た栄養を産卵に使うことができ、やはり、自分の遺伝子を残せる確率は高まります。つまり、生物の適応という観点からはオスとメス双方がwin-winの関係になるというわけです。このような自殺的な行動は生物の環境への適応の結果として存在しているわけです。

また、クモの一種であるムレイワガネグモの「粉骨砕身」ぶりは非常に興味をそそる現象です。出産をしたメスのムレイワガネグモは自身の内臓を液状化して吐き出し、子グモに与えます。それが終わると、子グモは母グモ全体を摂食します。当然母グモは死ぬわけですが、死によって新たな生が続くことになります。有性生殖による遺伝子交換と個体のスクラップ&ビルドによる環境適応とは要するにこのような意味です。これもヒトで想像するのはなかなか難しいですが、やはり、自殺的な現象だと我々は感じるのではないでしょうか。

ちなみに、ムレイワガネグモの場合、出産をした直接の母グモのみならず、出産をしていない姉妹のメスグモも同様に、自身を姉妹の子グモのエサとして捧《ささ》げることで養育に参加することがあります（もちろん死亡します）。親族が共有する遺伝子を伝えるという意味で、このような自殺的行動は効率的であり、そのために生き物がこうした傾向を（おそらくは複雑な思考をするのではなく本能という形で）連綿と受け継いでいるというわけです。

生殖ではなく生存の観点からも、こうした自殺的行動を見せる生き物はいろいろといます。ハチやアリのうち生殖能力のない個体は、巣が外敵の襲撃を受けた際に自らを犠牲にすることで巣や女王を守ります。ニホンミツバチはオオスズメバチを撃退する際に熱殺蜂球を作って外敵を蒸し殺す代わりに、自身は死ぬか、死なずともその後の生存率が下がります。ジバクアリは腸壁を破裂させて分泌腺から毒性のある粘着液を出して外敵を撃退する代わりに、自らは確実に自爆で死んでいくことになります。こうした行動も、女王の生存を助け、女王と共有する遺伝子を次世代につないでいくという点で効果的なため、受け継がれていっているわけです。

自殺は異常で病的なことなのか？

こうしたさまざまな生き物に見られる傾向が人間に備わっていたとしても、それほど驚くべきことではないと思われます。現代では医療の発達によりさまざまな処置ができるようになりましたが、長い人類の歴史を考えれば、つい最近まで自殺のような行動が進化的に適応的であったケースは容易に想像がつきます。

たとえば、何らかの理由で瀕死《ひんし》の重症を負った人がおり、その時代の医療技術では回復が見込めないにも関わらず、親族が自らの生存や繁殖の機会を犠牲にしてまで献身的に世話をする場合などは、一族の共有する遺伝子にとって自殺のような行動が適応的なものになっただろうと推測されます。だからこそ我々は、自分が役立たずで周囲のお荷物になっていると感じる時に死にたくなるのでしょう。もちろん、何が生き物にとって適応的なのかはその時の環境が決めることになりますので、いつでもヒトにとって自殺的な行動が適応的であるわけではありませんが。

自殺のような行動を単なる「異常」や「病気」だと決めつけるのは、それはそれで生き物が広く備えているこうした傾向を無視した近視眼的な発想だと言うこともできます。自殺直前の人間の心理状況を、異常なもの／病的なものとする説明は昔から繰り返されてきました。現代においても、自殺者が死の直前に精神障害を有していた可能性が高いことを示唆する研究も多数あります。しかし、そもそも精神障害であることは、自分で合理的にものごとを考え決断する能力をまったく欠いていることと等価ではありません。抑うつリアリズム（抑うつ的な気分の人の方が現実を正確に理解しており、抑うつ的ではない人は現実をポジティブにとらえすぎている）という指摘があるように、異常とされる心理状況の方が現実を客観的に眺めることができている場合もあります。

我々の持つ傾向は進化の末に残った進化的合理性をもった行動であり、自殺は単なる異常事態ではありません。自殺をした人の中には、一族のことを考え、熟慮の末に合理的に自殺を決定した場合もあるでしょう。生命保険協会のまとめによれば、生命保険契約後、13ヶ月後の自殺死亡率は平均的な月の自殺死亡率の約1・5倍になります。これは契約後1年以内の自殺には保険金が下りないからであり、こうした自殺の「一部」はおそらくはそれを見越した熟慮の末の（少なくとも、1年以上の時間をかけた）「判断」の結果です（そうでなければ、13ヶ月後の自殺がそれほどまでに増えることの説明ができませんので）。もちろん、一方で、古くから記載されているように異常な状態によって望まない自殺に追い詰められている場合もあるでしょう（例：統合失調症の幻聴の症状である「死ね！　死ね！」という声に追い立てられて自殺をしてしまった）。

我々は、ものごとを分かりやすく理解したいとどうしても思ってしまいますが、世界は必ずしも我々が望むほどには単純ではなく、真実は曖昧で複雑にさまざまなものが絡み合っているかもしれません。自殺とは○○であるとか、自殺の原因は△△であるという単純な言説については、常に注意を払いたいものです。

自殺は他の死に方と比べて、悪いか？

少し話がそれたのでここまでの内容をまとめ直しますが、個人にとってみると、死それ自体は、我々が死ななければ得られたであろう良きことを喪失させるが故に悪いと言える一方、退屈からの退出、対人関係の充実、人生の意味の創出といった良きものを生み出す可能性のあるものと言うことができます。また、死は、生き物であるヒトが環境に適応していく上で重要な機能を果たしている可能性のあるものでもあります。つまり、死は単に悪いものというわけではなく、良さと悪さを兼ね備えた両義的なものだということです。

それでは、死の中でも自殺に限ってみるとどうでしょうか。死はおおむね、病死を含む自然死、他殺、事故死、自殺に分類することができますが、不老不死が実現されない限り、自殺を予防して人が自殺で死なくなるということは、他の死に方が増えるということを意味します。自殺が減って、他の死に方が増えた世界は、より良い世界と言うことができるのでしょうか。

自殺以外の形で死ぬということは、こちらの都合はおかまいなく外的な要因で突如として向こうから死が訪れるということですから、自殺以外の死は、死ななければ得られたであろう良きことを喪失させる可能性を常にはらんでいます。自分にはもうやりたいこと、やるべきことがなく、人生に退屈してきたなというタイミングでちょうど病気になったり、人に殺されたり、事故にあったりすれば良いですが、ほとんどはそうではないでしょう。であるとすれば、実は、自殺という死に方は、充実した最高の人生を生きるにあたって悪くはない死に方である可能性が高いと言うこともできます。

自殺は死の中でも悪さの成分が少ないからこそ、我々は自殺対策にあまり投資をしたがらず、これまで十分に対策がなされてこなかったと言うことができるかもしれません。

人類の歴史を振り返ると、我々はまず、暴力をコミュニティで独占し、他殺を予防しようとしました。他殺を予防するための掟《おきて》や組織は太古の昔から存在します。

次に、病死を少なくするために、医学や医療制度を発展させました。日本では、戦後すぐの頃はまだ結核のような感染症が死因の第一位でした。感染症は人類にとって、つい最近まで大きな脅威であり続けました。1950年代頃までに感染症への対策が進むと、脳卒中のような生活習慣病による死亡が相対的に増えたので、1960年代頃には生活習慣病への対策が進みました。現代の死因の一位は癌《がん》であり、これについても精力的な対策が進められています。

病死への対策がある程度進むと事故死への対策も進められていきました。代表的な事故死である交通事故死亡のピークは1970年頃であり、年間で1万6000人以上いた交通事故死亡者数は、昨今ではピークの1／4にまで減っています。

最後に残された死亡対策のフロンティアが自殺対策であり、国際的には1980年代頃から関心が高まり、現代において少しずつその対策が進められているというわけです。

対策が進められているとはいえ、現実世界において死による良きものの剥奪のない

「理想的な自殺」が自殺の大半を占めているかというと、当然のことながら、そんなことはありません。現代日本では、40歳頃までの死因で最も多いのは自殺であり、自殺率は20人／10万人に及びます。たかだか40年程度で、人生においてやりたいこと、やるべきことは全部やり切って人生に飽きて飽きて仕方なくなったということは想定しづらいわけですから、こうした早すぎる死は、当然のことながら死ななければ得られたであろう良きことを喪失させている可能性がかなり高いと予想されます。

予防すべきではない「自殺」をするためのハードル

仮に自分のやりたいことをやりたいだけやって、自分の人生にも充実した意味を感じることができ、いよいよやることもなくなって退屈で仕方なくなってきたので自殺することが理想的な死に方だったとしても、きちんとした自殺を実現するためには、まだいくつかのハードルが残されています。

第一に、どれだけ個人の自由で合理的な決断が尊重されるといっても、他者に迷惑をかけるような行動は社会的に許されず、制限や予防をされる対象となり得ます。どのような死に方であれ死んだ後の後始末は自分で完全にすることはできませんが、自殺の場合は、特に大きな社会的影響を与える方法がとられる場合があります。

たとえば、鉄道への飛び込み自殺の場合、平均的な数の乗客が被る遅延時間の金銭的価値だけでも、1回につき8000〜9000万円程度の経済的損失が出るものと推計されています。鉄道飛び込み自殺の場合、それ以外にも、破損した車体や路線の修繕費、掃除などの事後処理をする者の人件費、自殺を目撃した運転手や他の乗客が受ける心身の障害についての治療費（例：運転手やホームにいた他の乗客がけがをする）、などなどの経済的コストが発生します。こうした費用を含めれば、1件あたりの平均的な経済的コストは先ほどの推計値よりもさらに高くなります。

また、これは自殺だけの話ではありませんが、重大な事件や事故が生じた不動産物件は心理的瑕疵《かし》物件となり、その経済的な価値が低下することで所有者に対して経済的な損失を与えます。賃借人が当該物件の中で自殺死亡をすれば、賃貸人が保有する物件の経済的価値が毀損されますので、こうしたタイプの自殺も、制限や予防がされるべき対象になると思われます。

第二に、経済的な意味だけではなく、心理的な意味で、自殺は他の死よりも他者により多大な悪影響を与える可能性があります。自殺以外の死ももちろん遺《のこ》された人々に悲しみを生み出す場合もありますが、故人の死の形態が遺された人の悲しみの質や期間に影響を与える可能性はあります。特に、加齢にともなう老衰や病弱に比して、予期されないタイプの死亡は遺された者のメンタルヘルスに大きなインパクトを与えます。

こう考えてみると、予防をされなくても良い自殺をするのはなかなかに大変なことです。第一に、他者に経済的な迷惑をかけなくていいように、手段や場所を熟慮する必要があります。第二に、他者に通常死亡する以上の追加の心理的な悲しみを与えなくていいように、きちんと遺された者が自殺が起こることを予期できるように事情を説明し、死ぬことについて納得してもらう必要があるということになります。

このような「自殺」は、現状起きている自殺のどの程度の割合を占めるでしょうか。これは私の直感ですが、おそらくは、こうしたちゃんとした「自殺」は、ほとんど起きていないのではないでしょうか。

合理的な判断をすることは可能か？

第三に、ここが最大のハードルになるわけですが、理想的な自殺をする際には、自殺をしたとしても死ななければ得られたであろう良きことが失われることはないということを合理的に判断できなければなりません。死は不可逆的なものであり、少なくとも現状のテクノロジーでは、失敗したらやり直しがきかないからです。

こうした判断をするための手続きとして参考となるのは、安楽死のプロセスでしょう。2000年代後半以降、欧州や北米を中心とした世界の一部の地域では、安楽死に関する法律が制定され、合法化されています。こうした国・地域の中には、自国民のみならず外国人に対して安楽死を実施することを可能にしているところもあり、現状では日本における安楽死は違法なものですが、日本人にとって安楽死という死そのものは無縁というわけでもありません。

ちなみに、「安楽死」と一口に言っても、我々がどのような現象をイメージするかは大いに異なります。一般に我々が使う安楽死という言葉には、①積極的安楽死（医師が筋弛緩剤《しかん》などの致死薬を患者に注射して死なせること）、②医師幇助《ほうじょ》自殺（医師が処方した致死薬を患者が好きなときに飲んで自殺すること)、③延命治療の手控えと中止(生命を維持するための治療的介入を行わないこと)といったものが含まれます。③は日本でも実施されていますが、遺族に訴えられる可能性がある行為です。①や②は現状の日本では違法ですが、世界のいくつかの国では、①あるいは②のみが合法であったり、①も②も合法であったりする場合があります。ここでは、おおむね①と②を指して、安楽死という言葉を使っています。

安楽死が合法化されている国であっても、誰が安楽死を要請することができるのか、そして、誰がそれを許可して処置や処方を行うのかということにはさまざまなバージョンがあります。とはいえ、安楽死が実施されるプロセスの共通点を見ていくと、死に関する判断に間違いを生まないためにさまざまな安全策を講じていることが分かります(それが十分な安全策なのかというのは、また別の問題としてありますが)。

安楽死を要請できるのはおおむね18歳以上であり、合理的な医学的判断によって終末期の(おおむね数ヶ月〜半年以内に死亡することが見込まれる治療不可能で不可逆的な)身体疾患を患っているとされる場合がほとんどです。要請があったとしても、主治医を含む複数の医師や精神科医の診察を受けて判断する必要があったり、最終的な処置や処方を行うまでに一定の時間をあけるように定められていることが多いように思います。つまり、時間をかけて、複数の人と話し合って決める必要があるということです。

「適当」な意思決定をしてしまう理由

そもそも、我々は通常の状態であったとしても、必ずしも合理的に意思決定をしているわけではありません。よく知らない場所でお昼ご飯を食べる時に、皆さんはどのようにしてお店を決めるでしょうか。

合理的に、食事を通じて自らの幸福感を最大化しようと思うのであれば、選択可能なあらゆるお店をピックアップし、それぞれのお店のメリット・デメリットを考慮する必要がありますが、そんなことをしてから食事をする店を決める人間はいないでしょう。せいぜい、スマホで検索してお店の点数と口コミ、料金と料理や内装の写真などをバラバラと見て、自分のこれまでの経験に照らし合わせて、「まぁこんなもんかな」と思って決めてしまうはずです。そして、だいたいの場合は、これで素早くおいしい食事にありつけるはずです。むしろ、前者のような決め方をしていたら、おなかがすきすぎてしまいます。

このような「適当」な決め方をヒューリスティクスと言いますが、我々が通常意思決定をする際にアルゴリズム的な考え方で合理的に決めようとせずに、ヒューリスティクスを使って「適当」な意思決定をするのは、それはそれで合理性があるからです。人間に与えられた時間や認知的な注意資源の量には限りがあり、アルゴリズム的な考え方に対応して慎重にものごとを決定するわけにはいかない局面の方が、人生には多いでしょう。そのため、どうしても、ヒューリスティックにものごとを決めてしまいます。

まさか自殺のような人生における重大な決断をそんなふうにするはずがないと思うでしょうか。しかし、自殺を考えるほど追い込まれている時、これもすでに説明したことですが、我々は心理的視野狭窄《きょうさく》の状態にあり、広くさまざまなものごとの可能性を丁寧に吟味するアルゴリズム的で合理的な考えとは真逆の心理状態にあります。自殺を考えるほど追い込まれているときは、自分がこれまで日常的に使っていた考え方のクセに大いに左右され、よく使うストレス・コーピングを使おうとします。それは多くの場合、苦痛を感じる意識を何らかの形で紛らわせる（例：お酒を飲む）というものであり、その極端な形が、苦痛を感じる意識を停止する、すなわち自殺をするという選択です。

熟慮の末に合理的に考え自殺を選択し、迷いなく自殺をすることをかたく心に誓っている人などほとんどいないものです。私は、とある鉄道会社に協力して、その路線の駅で自殺が多い駅の特徴や、実際に飛び込みが行われた場所がどのような場所だったのかということを調査したことがあります。駅での鉄道飛び込み自殺は、列車が入ってくる側のホームの始端の部分が一番多いのですが、それ以外にも、ベンチや待合室の近くでも多く生じているようでした。その路線の中で最も多くの飛び込みが起こっていた場所は、列車が入ってくる側のホームの始端に待合室がある場所でした。おそらく、飛び込むかどうか、列車を何本か見送りながらギリギリまで迷っているわけです。これは、合理的に熟慮を重ねて、自殺をすることをかたく心に誓っているような人がとる行動ではないでしょう（だからこそ、ホームドアのようなちょっとした物理的障壁が有効な自殺対策として機能するわけです）。

合理的に熟慮を重ねて、入念な準備をして自殺を行う人がまったくいないと言うわけではありませんが、そうした死はおそらく稀《まれ》なものであり、自殺の多くはこうしたヒューリスティックな意思決定だろうと思われます。自殺という重大事を前にしても、我々の日常的な「適当」な意思決定のクセは影響を与える可能性があるため、こうしたことを考える際には、もう少し安全な方法が必要だと思われます。

みんなで時間をかけて、ゆっくり考える環境を!

現状では、安楽死が合法化されている国や地域においても、身体疾患のない、精神的苦痛による安楽死が合法的に実施できることはほとんどありません(非常に例外的な国・地域はありますが)。これは、身体疾患の推移の見込みに比して、精神的な苦痛がどのようになっていくのかを見通すことが困難であるためです。

すでに説明したように、現状では、ある個人が近いうちに自殺をするかどうかということを予測することはできていません。同様に、ある個人が近いうちに幸福になるか不幸になるかを予測することもできてはいません。だからこそ、我々は、死に際しての決断については慎重なプロセスを踏む必要があります。苦しさに追い詰められて死を考える時には、自分だけではなく、身近な人や、信頼できる専門家など複数の人々と一緒にその決断の是非を検討しなければ、ちゃんとした自殺はできないはずです（その過程こそが、自殺予防的な、危機介入的な機能を果たすことでしょう）。

そして何よりも、我々が苦しくなった時に、みんなでゆっくり考えることができるような環境を多くの人が持てるような社会を我々は作っておく必要があります。そのような社会が実現した時に初めて我々は、「死にたいと言う奴は、自分で決めたことなのだから死なせておけば良い（ただし、一人で勝手にではなく、みんなでゆっくり考えるような、きちんとした手続きをへた上で）」と言うことができるようになるのではないでしょうか。

未来展望

すでに見たように死や自殺に対する態度は普遍的なものではなく、時代によって変わってきています。今我々が考えている死や自殺を予防しようという態度も、おそらくは未来永劫《えいごう》続くものではないでしょう。

こうした態度は、おおむね経済と科学技術の発展の程度に影響を受けています。当たり前のことではありますが、経済や科学技術が発展しておらず、我々の生活が生存水準ギリギリのラインで、平均寿命が20〜30年程度であれば、全死因に対する自殺死亡の割合は現在よりもさらに低かったはずですし、自殺を予防しようなどという考えが社会全体で共有されることはなかったでしょう。感染症による死亡が克服され、生活習慣病による死亡が減り、事故や他殺による死亡が低い水準でおさえられて初めて、自殺による死亡を予防しようという話になるわけです。そして、こうした発展の背景には、科学技術と経済が発展して、それができるだけの技術と知識、そしてお金が生み出せるようになったことがあります。

こうした変化が生じたのは長く見積もっても、せいぜいこの150〜200年程度の話です。自殺を予防しようなどという考えに至っては、この50年くらいの話です。長い人類の歴史を考えてみれば、こうした考えは非常に新しいものであり、我々がこれを当たり前のものと思えないのも無理はありません。

仮にこの先も経済と科学技術が発展し続けていけば、今以上に不老長寿に近い状況が達成されるでしょう。その時には、我々は自分自身の人生を満足の上で終わらせ、幸せな死を達成するために、自殺をすることを目指すようになるはずです。他殺や事故死や病死では、それが間違いなく達成できないからです。

そして、その場合には、自殺の中に潜む悪さの成分を少なくするようにしなければなりません。自殺は良いものと悪いものを含む両義的なものであり、悪い成分の多い自殺もあれば、それが少ない自殺もあります。自殺の悪さの成分は、①死ななければ得られたはずの良きものの剝奪の大きさ、②遺された遺族への負の影響（死の予測不可能性や経済的打撃）、③遺族以外の社会全体が被る負の外部性（例：電車の遅延時間）から構成されており、こうした成分を少なくすることは自殺予防の本質的に重要な部分です。自殺そのものが予防されるべきなのではなく、自殺の持っている負の成分を少なくすることが大事なことになっていくと予想されます。

第5章

幸福で死にたくなりづらい世界の作り方

効果的な自殺対策とは？

仮に将来的に（一定年齢以上の）自殺が目指すべき死になるとしても、残念ながら少なくとも今すぐこうした社会に到達することはありませんし、当面そうなりそうにはありません。我々が生きているうちにはここまでの変化は起きないでしょう。そして、自殺が目指すべき死になったような社会が到来したとしても、合理的ではない自殺を防ぐ安全装置が社会の中で機能している必要はあります。では、そうした安全装置はどのようにして作り、機能させることができるのでしょうか。

合理的ではない自殺を減らしていくためには、第1章で紹介したような自殺の危険因子（例：不適切なメディア報道）となるものをこの社会の中から少なくし、逆に、自殺から我々を守ってくれるような保護因子（例：人と人とのつながり）を増やしていくことが重要となります。単純な話ですが、これが全てであり、こうしたことをどのようにすれば実行できるのか、工夫を凝らしていく以外の方法はありません。

そして、これは大事なことですが、工夫をした結果として、科学的に明確に自殺が減少すると言えるような政策は現状では限られています。いくつか、科学的な意味で有効性があると考えられている自殺対策の例を挙げて説明をしておきたいと思います。

自殺方法へのアクセスの物理的な制限

我々が死にたくなった時に、実際に死ぬことができる方法が手近なところにあると自殺を試みて亡くなってしまう場合があります。一方で、仮に死にたくなったとしても、自殺方法へのアクセスが物理的に制限をされていて、使いづらくなっていると、自殺企図の発生確率が減少するため、自殺死亡も減少します。非常に単純な話ではありますが、これは自殺死亡を減らすという意味において最も有効な政策だと考えられています。たとえば、農薬、練炭、銃器、処方薬などの自殺企図に用いられやすいものの販売や管理上の工夫、飛び込み・飛び降りがしづらくなるようなフェンスの設置などがこれに該当します。

もちろん、時代や地域によってどのような方法がメジャーな自殺方法なのかは変わりますので、どのような方法をどのように制限するかという点には分析や工夫が必要です。たとえば、日本ももっと多くの人が第一次産業に従事していた時代には、農薬を服毒する方法での自殺がメジャーでした。そうした国や地域では、農薬の販売・管理方法に工夫を加えたり、農薬の毒性を改善することによって、自殺を減らすことができます。世界を見渡せば、農薬の服毒による自殺が多い国や地域はまだまだ存在しますので、そうした時には農薬の販売や管理上の工夫が有効になります。しかし、現代の日本であれば服毒で自殺を図るケースは比較的稀《まれ》ですので、こうした政策をとっても大きな効果は見込めません。

現代日本では、性別・年齢を問わず自宅での縊首《いしゅ》がもっともメジャーな方法であり、この方法に対しては、自殺方法へのアクセスの物理的な制限は非常に困難です。一方、比較的若い世代（10〜40代）では、高層ビルからの飛び降りや練炭による一酸化炭素中毒による自殺が縊首についで多いため、こうした手段への対策（例：リスクの高い場所へのフェンスの設置）には実行の余地が残されているということができます。

自殺死亡を減らすという意味において最も有効な政策と書きましたが、この方法は自殺企図を引き起こすきっかけを減らしているにすぎず、我々が死にたくなるそもそもの原因に働きかけ、我々を幸せにしてくれる可能性のある対策ではありません。死亡を減らすことだけに意味が宿るわけではありませんので、これだけをやっていれば良いということにはならないという点には、注意が必要です。

ゲートキーパー教育

ゲートキーパーとは、自殺リスクの高い集団の中にいる、支援のための鍵になる人物です。たとえば、自殺率の高い地域における精神科医や保健師、軍隊のような自殺率の高い組織における人事部の人間などをイメージすれば良いと思います。こうした対人支援の鍵になりうる人に対して自殺や自殺と関連の深い精神障害に関する心理教育を行うことによって、自殺のリスクの高い人物を早期に特定し、継続的な支援を行うことは、特定の地域や組織における自殺率を下げることにつながるという研究結果があります。日本では、自殺対策における「ゲートキーパー」という用語をこのような意味ではなく、「誰でもゲートキーパー（命の番人）になれる」みたいな意味合いで使っている啓発ポスターなどをよく見かけますが、元々の意味合いとしてはそのようなものではありません。

ゲートキーパー教育の場合、当然のことながら、どこに脆弱性《ぜいじゃく》の高い集団が存在し、どうすればそうした人たちを効果的に支援につなぐことができるのかを、時代や地域に応じて工夫する必要があります。たとえば、私も関わっているNPO法人OVAという団体は、インターネット上にいる自殺のリスクの高い人々を効率的に支援につなぐため、自殺関連の言葉をウェブ検索した人に対して、無料で相談を受け付ける旨の広告を提示し、自殺に関する教育を受けた心理職（臨床心理士、公認心理師）やソーシャルワーカー（精神保健福祉士、社会福祉士）が相談を受け、状況を理解した上で一緒に対応を考えるという事業を行っています。

こうした事業は、インターネット利用が一般化した現代における都市部で比較的若い世代が多い自治体が実施する分には有効であるものの、高齢化率の高い田舎で実施しても有効なアプローチにはなりづらいと思われます。高齢化率の高い田舎であれば、このような方法ではなく、保健師さんがうつ病の高齢者がいる家を丁寧に見てまわる、みたいな方法の方が有効なゲートキーパー活動になるかもしれません。時代や地域に応じて工夫する必要があるとは、このような意味です。

相談資源の充実とアクセスの改善

うつ病やアルコール依存のような精神障害は自殺と非常に関連の深い精神疾患です。そのため、こうした精神障害を治療するための医療資源の充実は、当然のことながら有効な自殺対策となり得ます。また、医療資源を充実させるだけではなく、そこへのアクセスルートを改善することも、自殺予防に役立つものと思われます。

近年、病院で実施されている重要な自殺対策として、自殺未遂者のフォローアップがあります。自殺企図は将来の自殺死亡を予測する最も重要な要因であり、自殺未遂者は非常に自殺のリスクの高い人です。そのため、病院に救急搬送されてきた自殺未遂者を丁寧に支援していくことは、将来の自殺企図・死亡を減少させることにつながるというわけです。

自殺未遂者のフォローアップは日本においても取り組みが始まっていますが、自殺未遂者だけではなく、自殺のリスクを抱えている人々が相談資源へアクセスできるような工夫をしていくことは、いずれにせよ重要なことです。虐待や災害を経験した人、囚人、性的マイノリティ、自死遺族の方など、将来の自殺のリスクが通常以上に高まりやすい属性はある程度明らかになっています。こうした方々への支援が充実するような社会環境を作っていくことは、将来の自殺率を低減させると考えられています。

また、昨今ではいのちの電話のような電話相談だけではなく、メールやSNSなどを活用したインターネット相談も増えてきました。自殺の危険のある人がメディアを活用して、匿名でいつでも相談しやすい環境を作っていくことも非常に重要なことです。

適切なメディア環境の構築

ウェルテル効果の話は本書でも何度か出てきていますが、有名人の自殺などが大々的に報道されると、その後に自殺者数が増加します。そのため、こうした報道による、自殺情報への曝露《ばくろ》を少なくすることは重要です。特に、自殺の方法や場所を具体的に報じたり、自殺を煽情《せんじょう》的に報道することは後追い自殺を増加させることにつながってしまいます。

一昔前は、こうした適切な自殺報道を促すための政策は新聞やテレビなどのマスメディアの協力さえ得ることができれば実施することができました。しかし、現代では、インターネットの利用が発展し、新聞やテレビなどのマスメディアが大々的に報じないニュースであったとしても、我々はＳＮＳなどを通じて多くのことを知るようになりました。そのため、この問題はマスメディアだけの問題ではなく、我々自身の問題になったと言うことができます。

とはいえ、自殺の報道を完全に制限することはできませんし、すべきではありません。自殺の報道は、社会問題を明らかにするという側面を持っている場合などもあるからです。たとえば、職場のブラックな労働環境の結果に大きな影響を受けた過労自殺が発生し、それがマスメディアに大々的に報道されることによって、労働問題が改善されるといった場合があります。こうした機能を有する場合もある以上、完全に制限するといったことで全てが良くなるわけではありません。

また何よりも、我々は有名人の自殺が生じれば純粋に「何で？　どういうこと？」と思うものです。こうした気持ちに反して情報を無理に制限することは、現実的ではありません。仮にマスメディアでこうした情報を制限することができたとしても、真実か否かの裏付けもろくにないような情報を書き立てる怪しげなウェブサイトまで全てを閲覧禁止にすることはできませんし、大手からの情報が制限されればされるほど、我々はそうした怪しげな情報に吸い寄せられ、アクセスしてしまうものです（私がそうなので……。だってやっぱりなんでだろうと思いますし）。

こうした状況を鑑み、近年では、単に報道を制限するのではなく、自殺方法などの危険な情報を伏せながら、自殺報道をし、その代わり、自殺報道の中で支援先の情報（例：いのちの電話の電話番号）を提示することで後追い自殺のリスクの高い人が支援につながりやすい環境を作る、といった取り組みも一般的になってきています。

政策の効果はどうすれば分かるか

世界を見渡してみれば自殺対策を国家的な規模で推進している国は珍しくはなくなってきています。日本も自殺対策基本法が制定・施行され（2006年）、政府が推進すべき自殺対策の指針をまとめた自殺総合対策大綱が閣議決定されるようになって以降（2007年〜）、このような体制が整いました。そして、自殺対策の大半は法律に基づ

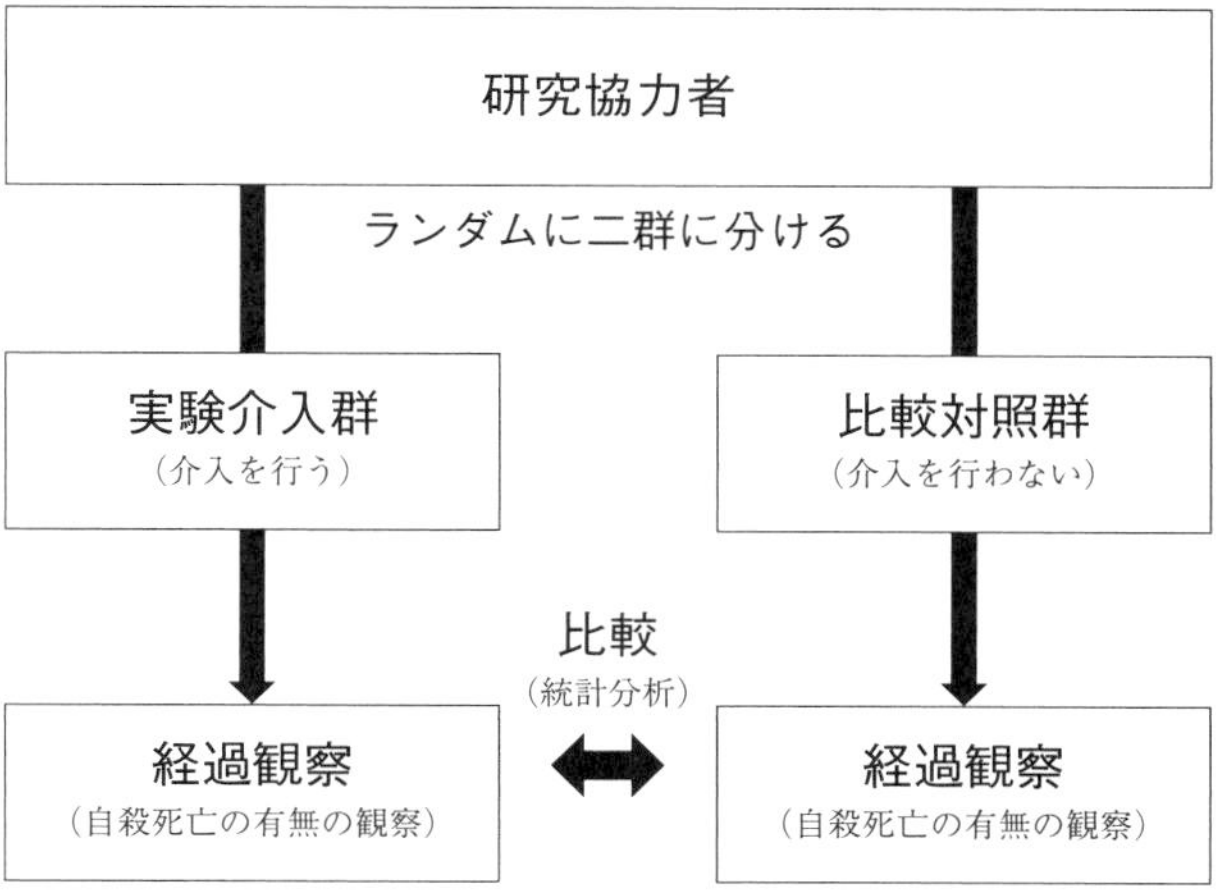

図４　自殺対策の効果の検証方法
引用：末木新（2020）『自殺学入門：幸せな生と死とは何か』金剛出版

いて予算化された事業によって実施されています。

　自殺対策は公的な資金によって行われているものであり、商売としては成り立ちません。資本主義的な原理によって推し進められる部分はほとんどない、と言い換えてもいいかもしれません。少なくとも、現状、私が知る限りではそうです。このことは、自殺対策にかけられる予算には一定の限界があり、こうした活動を際限なく行うことはできないということを意味しています。

　そして、予算が限られているのです

から、それは効率的に活用されるべきです。一定の金額をかけた時に、なるべく多くの人の自殺が防がれるとか、なるべく多くの人を幸せにするような政策に予算を投じるのが良いと考えるのは普通のことだと思われます。

ではどうすれば、「ある自殺対策に実際に自殺予防効果がある」ということが分かるでしょうか。そのイメージを表したのが図4になります。簡単に言えば、ある自殺対策を実施した人々と、その対策を実施していない人々を追跡していき、その後にそれぞれの人々がどの程度の割合で狙った変化をするのか（例：自殺で亡くならない）を検証していくということになります。このようなことを行った結果、たとえば、その自殺対策の対象となった人々のその後の自殺死亡率が対象とならなかった人々の自殺死亡率よりも低くなれば、対策の効果があったと言えるはずです。また、その対策に具体的にどの程度の予算がかかったのかということを加味して計算を行えば、対策の費用対効果も大まかには明らかになるはずです。

政策の評価はほとんど行われていない

さまざまな制約があるので完全な形ではできないにしても、このような手続きを踏んでいけば、今現在でも行われている自殺対策の自殺予防効果や費用対効果は検証ができるはずです。逆に言えば、こうした検証を地道に積み重ねなければ、より有効で資金効率の良い自殺対策を政策として組み上げることはできません。しかし、残念なことに、こうした効果の検証と対策の改善は現実にはほとんど実施されていません。

たとえば、9月の自殺予防週間や3月の自殺対策強化月間になると、「相談してください」といったCMがテレビやウェブ上で流されます。仮にそうしたCMが自殺を考えている人の相談を促すことを目的に流されているのだとすれば、そうしたCMを流した結果としてどれくらいの行動変容効果があったのかが検証されるべきです。どのような内容のCMであれば相談が促進されるのか（あるいは抑制されるのか）ということが検証され知見が蓄積されていけば、より良いCMを作ることができるようになるはずです。また、CMを流すのには当然お金がかかっているわけですから、CMを流した費用と実際に相談が促進された人数を算出すれば、自殺の危険に追い込まれた人の相談を1件促すのに○○円かかった、といった形で費用対効果も検証できるはずです。

電話やSNSによる相談事業は有効な自殺対策となる可能性のあるものだということはすでに説明をした通りです。過去の研究を見ると、歴史の長い電話相談の場合は、電話の最中や電話から数週間の間にわたって通話者の自殺のリスクを低減させる効果を持っていたことが明らかになっているサービスもあります。しかし、相談を受ける事業体ごとに相談員の訓練方法や団体の運営理念などは異なるわけですから、電話相談やSNS相談をやってさえいればそれが自殺対策として有効に機能するわけではありません。

たとえば、我々は、トヨタとテスラが持つ安全な車を製造する技術の水準をまったくの同等だとは考えないはずです。同様に、自殺予防を行う各団体にもさまざまな技術水準があるはずです。ですが、現状では、自殺対策を行う責任を有する国や地方自治体が民間団体に相談事業を委託する場合、その事業内で実施された相談の件数が、多くの場合、その事業の成果として報告され、それによって自殺対策が実施されたことになります。これは、実際に走行する車の様子や事故件数を見ることなく、車の製造台数だけを見て安全な車が製造されていると判断するようなものです。相談の件数は重要ではありますが、より重要なのは、相談の中身と、その結果としての相談者の変化（例：死にたい気持ちが和らいだ）のはずであり、そうしたものが検証されていかなければ、自殺対策をより良いものにしていくことはできません。

自殺対策を担っているのは誰か

自殺対策は行政の行う政策の一環であり、自殺対策の実行に際しては行政を実際に担う公務員の方々の力量が非常に大きな影響を持っています。我々は、将来、自殺予防に関わるような仕事がしたいと思うと、どうしても、精神科医になって精神疾患の治療にあたるとか、カウンセラーになって相談を受けるとか、そういった心を扱う職業に就けばいいのかなと直感的には思います。何を隠そう、私自身がそうでした。精神疾患の治療や、心理援助を充実させることは自殺予防に役立つことですから、これはもちろん間違いではありません。

しかし、これだけでは物事の全体像をとらえることはできていません。こうした仕事は、言わば自殺対策の最前線の仕事です。最前線の仕事はそれはそれで重要ですが、こうした最前線の現場を構築・支援し、戦略のグランドデザインを描く仕事が一方であります。それが行政や政治の仕事です。戦争を遂行する軍隊の中でも、前線で戦う兵士やその指揮官は重要な役割を担いますが、一方で、戦争の全体像を計画し、その全体像を実現するための計画をたて、軍隊を配置したり、軍艦を建設したり、食料や弾薬を運ぶための補給線を構築する人々がいます。効果的な戦略や食料・弾薬がなければ、前線は満足に戦うことはできません。

さらに、戦況が問題なく推移しているのかを客観的に分析する役割の人間も必要です。計画を立てた人は当然、それでうまくいくはずだと考えて計画を立てるわけで、うまくいってなかったとしても、それを自ら認めるのは難しいものです。自殺対策について言うのであれば、効果の検証をして、計画が想定通りにうまく進んでいるのかを検証する役割ということになります。

効果の検証をするために何が必要か

科学的な根拠に基づいて政策を決定・実行し、改善していくことをＥＢＰＭ(Evidence-based policy making)と言います。ＥＢＰＭを推進しようという気運は高まっているものの、実態としてそれが十分に実施されているかと言われると、やはりＮＯと言わざるを得ない現状があると思います。では、なぜそのような状態になっており、どうすれば改善できるのでしょうか。

たとえば、東京都を例にとって考えてみましょう。自殺対策は市区町村レベルの地方自治体でも計画を策定し、その計画を実施しなければならないと自殺対策基本法で定められていますので、東京都は当然のことながら自殺対策を計画し、計画に沿った対策を実施しています。東京都の場合、学識経験者や医療福祉・経済労働・教育団体・民間団体等の代表者、関係行政機関の職員によって構成される自殺総合対策東京会議によって策定された東京都自殺総合対策計画に沿って、自殺対策を所管する東京都の担当部署の職員の方が具体的な計画を策定し、計画を実行するための予算をつけます。予算は、都民の代表である都議会議員によって構成される都議会の承認を得て、執行されることになります。自殺総合対策東京会議の設置目的の一つは、「自殺対策計画の策定、変更及び評価・検証に関すること」となっていますので、本来であれば、その予算で実行された政策の評価がこの会議の中でなされるべきだということになります。

自殺総合対策東京会議の会議録や資料は全てウェブ上で公開されており、誰でも見ることができます。興味がある方はウェブ上で検索をして、たとえば会議録の中身に「評価」とか「効果」とか「検証」といった言葉がどの程度出てくるのか、確認をしてみてください。こうした会議録の中身を検索してみても、残念なことに、科学的な観点から各事業の一つ一つがどの程度効果的で、費用対効果がどうなっているのかという点が十分に検証されている様子は現状ではありません（今後は、実施されていくかもしれません）。もちろん、特定の地域で、その年その年に自殺者数や自殺率がどのように推移したのかを見ていくことは重要です。しかし、自殺対策はさまざまな事業を含む複合的なものですから、地域全体の自殺率を見ていても各事業がどのような効果を発揮しているのか（あるいはしていないのか）ということは当然分かりません。一つ一つの事業について、細かく、科学的な観点から効果を検証していく必要があります。

誰がダメなのか？

勘違いをしていただきたくないのですが、これは何も、東京都がちゃんとやっていないという話をしているわけではありません。たまたま私が生まれ育った地域を取り上げましたが、どの自治体もほぼ同様の問題を抱えており、国全体を見たとしても、効果の検証がきちんと実施されているものはほとんどありません。そこには、構造的な問題があり、誰が悪いという話ではなく、全体として皆が「ダメ」な状態に置かれているというのが正しい認識だろうと思います。

ＥＢＰＭの実施は非常に手間のかかる面倒なものです。ただでさえ手間暇がかかるにも関わらず、行政官は科学的に効果のある政策を実施したか否かでその仕事ぶりが評価されるわけではないようです。政策の評価を行い、効果がないことをやったなどという話になれば、非難されることはあれ、称賛されることはないでしょう。本当は、そのこと自体がおかしなことであり、意味のないことをやったということを明るみに出し、次年度からそれを適切に変えたのであれば、それは大いに評価されるべきことですが。

ＥＢＰＭのような面倒なことをやるためのインセンティブが行政官にないのであれば、政治家が行政官のインセンティブを設計し、その働きぶりを監視しなければなりませんが、そんなことをしても選挙の票に結びつかないのであれば（つまり、政治家の背後にいる国民が効果的で効率的な政策の実行に興味がないのであれば）、忙しい政治家がわざわざそんなことをやるはずはありません。政治家は国民の代表であり、つまるところ、国民全体がこうしたことに興味関心を持たなければ、何も進まないということです。

行政や政治（国民）が悪いと言わんばかりに書きましたが、もちろん、自殺対策の実践を担っている前線の実践家や効果の検証を担うことができる（私を含めた）研究者にも悪いところはあります。現状では、実際の相談活動を担っている実践家も、「自分たちの活動が本当に効果的なのか？」とあまり考えず、自身の活動の効果を疑うことは少ないようです。もちろん、「自分は社会的に意味のないことをしているかもしれない」などという疑念を抱きながら新しい支援団体を立ち上げるようなことをするのは難しいものですが、人間は間違えるものであり、効果のないことをやってしまうこともあるものです。

研究者にとっても、政策の効果を検証するためのインセンティブはほとんどないのが現状です。ただでさえ本業の大学などでの仕事が忙しい中、こうした仕事をやるとすればほぼボランティアです。研究者の評価は学術論文によって決まるのですが、政策の効果を検証するような場合、政策の実行前の段階から行政に関わり、きちんとした効果の検証が可能なデザインで自殺対策を実施しなければ、学術論文になるような成果はあがりません。しかし、現実には、そのような機会はほとんどなく、政策が実行された後になって、場当たり的に「どうすれば効果が検証できるでしょうか？」と相談されることがほとんどです。これでは、研究としての意味はほとんどありません。

私が見る限り、こうしたそれぞれの事情が重なりあう中でEBPMの実行は滞り、政策の効果の検証が十分になされることはなく、なんとなく自殺対策が実施されているというのが現状です。もちろん、なんとなく実行されている中でも、素晴らしい政治家、行政官、実践家の力によって成果が上がる場合はあります。しかし、それは突出した個人の力に依存したものであり、その素晴らしい個人が何らかの理由でいなくなってしまえば、対策の効果も消えてなくなってしまうような脆弱なものです。社会が全体として良くなる構造を備えたものではありません。

この状況はたった一つ何かが変わればがらりと良くなるというような類いのものではなく、多くの人が少しずつ変わる必要があります。国民と政治家は絶えず、行政官の仕事をモニタリングし、政策の評価が科学的に行われ、改善がなされているか否かに注意を払う必要があります。行政官は、科学的に政策を組み上げ、実践家や研究者と協同して、政策の評価を行い、政策を改善し続ける必要がありますし、国はそうした行政がなされるような支援（例：研修や情報提供）をすべきです。行政の内部でもそのような行政のあり方を尊ぶ文化を醸成する必要があります。実践家も、自らの自殺予防活動を省みて、その活動の効果を検証するためのプロジェクトを研究者とともに組み上げる必要があります。研究者も、社会のため、行政や支援の現場の現実と不完全さに理解を深めながら（実験室のような研究はできないという諦めを受け入れながら）、政策の効果検証に携わらなくてはなりません。

また、政策の評価をすることそのものにも実施のコストがかかりますので、あらゆる政策の検証をすることはできません。どの政策／事業の評価を行うのかということも、合わせて検討して優先順位をつけていく必要があります。基本的には割かれる予算規模が大きいものから順に行っていくのが筋だとは思います。たとえば、東京都の自殺対策で見ると、予算の大半は電話やＳＮＳでの相談事業に割かれていますので、そうした事業の自殺予防効果や費用対効果について検証していくべきでしょう。

効果の検証や政策の改善は協働しないとできない

誰かの経験や勘に依拠するのではなく、科学的に効果の確認された政策を実施し、常に政策の進捗をモニタリングしながら改善を重ねていこうと考えることに異論はないでしょう。こうした理想は少なくとも現状では実現されておらず、多くの人が協働し、皆が少しずつ態度を変えていかなければ実現することは難しい状況です。

こうした作業は、誰かの仕事ではなく、みんなの仕事です。あらゆる人がこの仕事に貢献する可能性を持っています。というよりもさまざまな人が協力をしないと、実現することができません。政策の実行やその検証の中心に行政官がいることは当然ですが、行政官だけでは当然そんなことはできません。データの解析や政策が効果を有するか否かを明らかにするための政策実行のデザインについては研究者の力がなければ適切に実施することはできません。状況をモニタリングするためのデータは、実際の対策を実行する実践家の力なくして収集できません。行政・実践家・研究者が協働して初めて政策の効果を検証することが可能になります。

そして、何よりもこのような過程が実施されているのか否かを監視・評価する人が必要であり、政治家やその背景にいる我々国民がそれを見ていなければなりません。適切に実行されていない場合は、政治家を通じて、状況の改善を申し入れていく必要があるでしょう。

一般国民にそんな力があるのか？と思われるかもしれませんが、私はあると思います。行政機構に働きかけることは一個人にはなかなかに難しいことではありますが、SNSが発達したことにより、政治家に働きかけることはより容易になりました。ある特定の社会問題がSNS上で課題として話題になると、それを改善するために政治家が動いてくれるようになったからです。政治家が、社会的な問題解決のために動いている様子を有権者に対して直接アピールできるSNSの存在を利用することにより、一般国民は政治や行政の関係する社会的課題を解決するための道筋をより容易に見つけることができるようになっています。

また、SNSやインターネットの存在は行政機構だけではなく、自殺対策を行うことを営利企業にも求めることを可能にしました。いくつか例を挙げてみたいと思います。

過去には、硫化水素自殺が流行した際に、ある薬剤が通販サイトで購入されると、それと混ぜることによって硫化水素を発生させることができる別の薬剤の購入がリコメンドされるということがありましたが、こうしたリコメンドが発生しないよう、現在では改善されています。また、座間9人殺害事件（Ｔｗｉｔｔｅｒ上で「死にたい」などとつぶやく利用者に、加害者が自殺幇助《ほうじょ》等を持ちかけて実際に会い、9名ものインターネット利用者が連続的に殺害された事件）をきっかけにＴｗｉｔｔｅｒ上で自殺関連語を検索したり、「死にたい」などとつぶやくと、相談先の情報が提示されるようにＴｗｉｔｔｅｒの仕様が変更されました。

こうした対策が進んだのは、何より、自殺対策を軽視するような企業への社会的批判が営利企業にとって死活問題になるからであり、国民全体の監視の目がこのような動きを引き起こしていると言うことができます。行政に対してであれ、営利企業に対してであれ、過去にこれほど一般国民の持つ監視の目が意味を持つ時代はなかったのではないかと思うほどです。逆に言えば、我々が自分達の構成する社会のあり様に無関心であれば、その無関心さを反映した社会になってしまうと言うこともできるかもしれません……。

命は全て尊いものではありますが、価格や値札をつけることができないものではありませんし、その価格がいつでも無限大になるわけではありません。現に我々は、日々、さまざまな形で人の命に有限な価格の値札をはりつけています（例：生命保険に入る／入らない、出産や養育過程における産み分けや堕胎、死亡を防ぐための臓器移植にかかる費用の算出）。自殺対策を含む社会保障や我々の幸福な人生は、科学と経済の発展の先にしかないものであり、経済的な裏付けのない社会保障はありえません。尊い命を守るためにこそ、我々は何が有効な政策で、その費用対効果がどのようになっているのかということを、より厳密に検証し続けていかなければなりません。無限の価値を持つ命を守るために無限の予算が神様によって用意されているわけではないのですから。

おわりに――あなたに何ができるのか

日本では年間に約2万人の方が自殺で亡くなっています。1件の自殺につき平均的には5人程度の人が、大きな衝撃を受けるなどと言われています。この数字にはたいした根拠はないのですが、とはいえ、一人の自殺につき平均的に数人の人が大きな影響を受け、自殺という現象に興味を持たざるを得なくなったとしても、それほどおかしなことではないように思います。つまり、年間に10万人近い人が、身近な人の自殺を経験し、自殺について何らかのことを考えたり感じたりするということです。遺《のこ》された人の心理状況についてでは分かっていることはそれほど多くはありません。悲しみ、罪悪感、自責感や後悔、故人への怒り、を感じることは多くの文献で指摘されるところです。家族関係や遺された人の人間関係は変化をする可能性もあります。少し複雑になりますが、悲しめないことや、怒りを感じることに苦しむこともあります。

本当に多様な状況がありますが、その中には、故人の死を無駄にしたくないとか、故人の死に意味を感じたいと思うことをきっかけに自殺予防活動に興味を持つ方がいることは確かです。何より、私自身がそうでした。こうした本を一冊書くたびに、いまだに、これでまた少しばかり祖父の死も報われるのではないかと思ったりもします。

加えて、「死にたい」と思うことは実際に自殺で死亡することよりもはるかに頻繁に発生します。少なく見積もっても2割ほどの人は「死にたい」と思ったことがあるはずですし、それを打ち明けられたことがあるという人も、一定数いるはずです。自殺に興味を持たされた「あなた」は、日本だけでも年間10万人以上はいるのではないかと思いますし、その中には、「どうしたらアレが防げたのだろうか？」と思う人も相当数いるはずです。

それでは、我々には何ができるのでしょうか。

「第5章　幸福で死にたくなりづらい世界の作り方」でも書きましたが、いのちの電話のような相談組織でボランティアを行うといったことだけが全てではありません。精神科医やカウンセラー、ソーシャル・ワーカーを目指すのもいいですが、そうした前線にばかり志願兵が集まっても、それだけでは全体としては機能しません。全体の戦略を描く人も必要です。兵站《へいたん》を整備する人も必要です。戦略の進捗をモニタリングする人も必要です。政治家にも、行政官にも、実践家にも、研究者にも果たすべき役割があり、多くの人が協働しなければ物事は適切に進みません。

また、こうした役割は変化する社会の中における伝統的な職業に必ずしも反映されているわけではなく、既存の仕事の隙間になっている場合もままあります。昨今ではそのような変化し続ける社会に新しく生まれた間隙を埋めるため、NPO法人を立ち上げ、社会のために尽くす人々が大きな活躍をしています。

ちくまプリマー新書という媒体で書いているため、ここまでは中高生の職業選択をイメージして書きましたが、急なきっかけから自殺に興味を持たざるを得なかった中高年の方々にも果たすべき重要な役割があります。「仕事」や「職業」の中だけで自殺予防の過程は進むわけではないからです。ここまで何度も書いているように、国民の監視の目、自殺予防への関心そのものが「幸福で死にたくなりづらい世界」を作っていくためには必要です。

あなたが住んでいる自治体ではどのような自殺対策が実施されており、どのような事業に対してどれだけの予算が割かれているでしょうか。その費用対効果はどうなっているでしょうか。効果の検証はなされているでしょうか。検証した会議の議事録は公開されているでしょうか。こうした過程を注視し、物事に改善の余地があるのであれば、政治家とともに行政に働きかける必要があるでしょう。そして、こうしたことを行うためには、ある程度の人生経験も必要かもしれません。大変なことではありますが、これは何も特定の職業に就業していなければできないことではありません。やろうと思えば、誰でもできることであり、なるべく多くの人が関わることで、この社会はより良くなっていきます。

そして何よりも、こうした過程を適切にやり「続けていく」ことが重要です。この社会は常に変化しており、我々の死生観や幸福観は変化していくからです。「幸福で死にたくなりづらい世界」には決まった形があるわけではなく、これは時代とともに変化していくものです。だからこそ、我々にはこうした世界を作るための不断の努力が必要です。それはそれでつらく、大変で、そして楽しくてやりがいのあることだと個人的には思います。

最後に本書を出版する機会を与えていただき、編集にご尽力いただいた筑摩書房の甲斐いづみさんに心から厚くお礼申し上げます。

2023年5月

末木新

ちくまプリマー新書

381
心とからだの倫理学
――エンハンスメントから考える
佐藤岳詩
整形で顔を変えてしまってよいのか。能力や性格を薬によって変えることの是非は？　変化によってあなたと社会はどうなるの？　倫理学の観点から論点を提示する。

405
「みんな違ってみんないい」のか？
――相対主義と普遍主義の問題
山口裕之
他人との関係を切り捨てるのでもなく、自分と異なる考えを否定するのでもなく――「正しさ」とは何か、それはどのようにして作られていくものかを考える。

416
君たちが生き延びるために
――高校生との22の対話
天童荒太
誰にもある「ルック・アット・ミー（わたしを気にして）」と言う権利を自覚し、しっかり生き延びてほしい。小説家から若い人へのメッセージ。

003
死んだらどうなるの？
玄侑宗久
「あの世」はどういうところか。「魂」は本当にあるのだろうか。宗教的な観点をはじめ、科学的な見方も踏まえて、死とは何かをまっすぐに語りかけてくる一冊。

074
ほんとはこわい「やさしさ社会」
森真一
「やさしさ」「楽しさ」が善いとされ、人間関係のルールである現代社会。それがもたらす「しんどさ」「こわさ」をなくし、もっと気楽に生きるための智恵を探る。

ちくまプリマー新書

ちくまプリマー新書

317
ある若き死刑囚の生涯
加賀乙彦
キリスト者として、歌人として、生と死に向き合った死刑囚・1968年の横須賀線電車爆破事件の犯人純多摩良樹の後半生の壮絶な生き様を豊富な資料を元に描く。

336
ダイエット幻想
――やせること、愛されること
磯野真穂
モテたい、選ばれたい、認められたい……。ダイエットの動機は様々だけど、その強い思いで生きづらくなっていませんか？　食べると生きるをいま見つめなおそう！

361
子どもを守る仕事
佐藤優
遠藤久江
池上和子
いま、児童福祉の仕事が見なおされています。保育士、教員、里親、児童養護施設職員――。本書では、子どもの命と生活を守る職業の魅力と働き方を考えます。

363
他者を感じる社会学
――差別から考える
好井裕明
他者を理解しつながろうとする中で、生じる摩擦熱のようなものが「差別」の正体だ。「いけない」と断じて終えるのでなく、その内実をつぶさに見つめてみよう。

373
勉強する気はなぜ起こらないのか
外山美樹
気持ちがあがらない、誘惑に負けちゃう。お困りなあなたにやる気をコントロールするコツを教えます。目標設定、友人関係、ネガティブ戦略など、どれも効果的！

ちくまプリマー新書

377
みんな自分らしくいるための
はじめてのＬＧＢＴ
遠藤まめた
恋愛における変なルール、個性を抑えつける校則、家族は仲が良くないといけない……。性の多様性を考えることで、「当たり前」から自由になれる。

379
リスク心理学
――危機対応から心の本質を理解する
中谷内一也
人間には危機に対応する心のしくみが備わっている。しかし、そのしくみには一癖あるらしい。感情と合理性の衝突、リスク評価の基準など、最新の研究成果を紹介。

392
「人それぞれ」がさみしい
――「やさしく・冷たい」人間関係を考える
石田光規
他人と深い関係を築けなくなったのはなぜか――相手との距離をとろうとする人間関係のありかたや、「人それぞれ」の社会に隠れた息苦しさを見直す一冊。

397
ようこそ、心理学部へ
同志社大学心理学部編
犯罪から食欲、記憶から感情までを扱い、生理的仕組みを解明し日常的な行動の改良を目指す――。深くて広い心理学の多様な世界を講義形式で紙上体験する入門書。

402
ヤングケアラーってなんだろう
澁谷智子
中学校の1クラスに2人はいる――家族の世話や家事を行う子どもたちを指す「ヤングケアラー」。彼らがおかれた状況や支援の取り組みを知るための一冊。

ちくまプリマー新書

404
やらかした時にどうするか
畑村洋太郎

どんなに注意しても、失敗を完全に防ぐことはできない。ピンチはチャンス！　失敗を分析し、糧にする方法を身につけて、果敢にチャレンジできるようになろう！

409
ウンコの教室
——環境と社会の未来を考える
湯澤規子

学校のトイレに行けない問題からＳＤＧｓまで、ウンコから未来を考える。衣食住に「便」を入れると見えるものとは。文理、歴史の壁を越えた探究の旅に出かけよう。

418
「心のクセ」に気づくには
——社会心理学から考える
村山綾

私たちの心の動きはある型にはまりやすい。しかも、その傾向にはメリットとデメリットが存在する。不安やいざこざを減らすために、心の特徴を学ぼう。

421
集団に流されず個人として生きるには
森達也

過剰に叩かれる宗教団体、危機を煽るメディア、ネットの炎上……集団は強い絆と同調圧力を生み、時に暴走する。そこで流されないためにはどうすればいいのか。

426
嫌な気持ちになったら、どうする？
——ネガティブとの向き合い方
中村英代

ちょっとした不安から激しい怒りまで、気持ちがゆれることは誰にもある。でも、それに振り回されるのではなく、性質や特徴を知ってこの気持ちに対処しよう。

ちくまプリマー新書

269
感染症医が教える性の話
岩田健太郎

感染症予防の観点から性を学ぶ重要性を語りつつ、多様な性の在りかたやそれを阻む社会、あるいは恋愛についても考え、他者と向き合う営みとして性を捉えなおす。

342
ぼくらの中の「トラウマ」
――いたみを癒すということ
青木省三

どんな人にもトラウマはある。まずはそのいたみを自覚し、こじらせてしまわないことが肝要だ。トラウマのメカニズムや和らげる術を豊富な事例から紹介する。

343
どこからが病気なの？
市原真

病気と平気の線引きはどこにあるのか？　病気のアラームとは何か？　かぜと肺炎はどう違う？　人体と病気の仕組みについて病理医ヤンデル先生がやさしく解説。

376
壊れた脳と生きる
――高次脳機能障害「名もなき苦しみ」の理解と支援
鈴木大介
鈴木匡子

脳に傷を負った当事者と、高次脳機能障害を専門とする医師が「見えない障害」とともに生きるためのヒントを考え抜く。隣の当事者さんと向き合うすべての人へ。

387
はじめての精神医学
村井俊哉

うつ病、統合失調症、認知症、パーソナリティ障害――さまざまな精神疾患の症状や治療法を広く見渡し、さらには「そもそも精神医学とは何か」までを考える。

chikuma primer shinsho

ちくまプリマー新書 428

「死《し》にたい」と言《い》われたら　自殺《じさつ》の心理学《しんりがく》

二〇二三年六月 十 日　初版第一刷発行
二〇二四年七月二十日　初版第四刷発行

著者　末木新（すえき・はじめ）

装幀　クラフト・エヴィング商會
発行者　増田健史
発行所　株式会社筑摩書房
東京都台東区蔵前二-五-三　〒一一一-八七五五
電話番号　〇三-五六八七-二六〇一（代表）

印刷・製本　株式会社精興社

ISBN978-4-480-68453-0 C0211　Printed in Japan